浙江省新型重点专业智库"中国政府监管与公共政策研究院"
浙江省2011协同创新中心"城市公用事业政府监管协同创新中心"
中国工业经济学会产业监管专业委员会
中国城市科学研究会城市公用事业改革与监管专业委员会
中国能源研究会能源监管专业委员会

政府管制评论
REGULATION REVIEW

2021年第1辑

王俊豪 ◎ 主编

中国财经出版传媒集团
经济科学出版社
Economic Science Press

图书在版编目（CIP）数据

政府管制评论. 2021 年. 第 1 辑 / 王俊豪主编. --
北京：经济科学出版社，2021.11
ISBN 978 - 7 - 5218 - 3274 - 7

Ⅰ. ①政… Ⅱ. ①王… Ⅲ. ①政府管制 - 研究 Ⅳ.
①F20

中国版本图书馆 CIP 数据核字（2021）第 251915 号

责任编辑：凌　敏
责任校对：徐　昕
责任印制：张佳裕

政府管制评论

2021 年第 1 辑

王俊豪　主编

经济科学出版社出版、发行　新华书店经销

社址：北京市海淀区阜成路甲 28 号　邮编：100142

教材分社电话：010 - 88191343　发行部电话：010 - 88191522

网址：www. esp. com. cn

电子邮箱：lingmin@ esp. com. cn

天猫网店：经济科学出版社旗舰店

网址：http：//jjkxcbs. tmall. com

北京季蜂印刷有限公司印装

787 × 1092　16 开　7 印张　140000 字

2022 年 6 月第 1 版　2022 年 6 月第 1 次印刷

ISBN 978 - 7 - 5218 - 3274 - 7　定价：40.00 元

目　　录

金融科技、银行业产品差异化与监管政策

戚瀚英　杨　铿　刘相锋*

摘　要　本文剖析了金融科技影响银行业产品差异化的路径机制，并采用2013~2018年155家商业银行的非平衡面板数据，运用固定效应模型进行实证分析。结果显示金融科技正向促进银行业产品差异化程度的增加，并且通过金融科技信贷业务渠道的正向影响程度更大。在异质性分析方面，并未发现显著地区异质性，但发现金融科技对股份制商业银行产品差异化程度影响幅度最大，对城市商业银行、民营银行等中小银行的产品差异化影响幅度最小。在此基础上，根据金融科技影响下银行业产品差异化的变化对现有监管政策进行分析，提出相应的监管政策建议。

关键词　金融科技　商业银行　产品差异化　中间业务　金融监管

一、引　言

金融科技的创新与发展，尤其是金融科技企业的广泛兴起产生了可替代传统银行业产品的新产品、新业态，打破了传统银行固有的信息优势差异（Parloury et al.，2019）、地缘优势差异（Carbo-Valverde & Perez-Saiz，2018），压缩了传统银行的核心利润。然而，这也倒逼银行大力开展数字化转型，加强金融科技的技术应用和业务功能创新（Shim & Shin，2016）。银行数字化转

---

* 戚瀚英、刘相锋，浙江财经大学中国政府管制研究院、浙江省新型重点专业智库"中国政府监管与公共政策研究院"；杨铿，清华大学"一带一路"战略研究院。

型中一个重要变化是通过数据挖掘、客户关系管理等对消费者个性化、差异化的需求偏好进行精准定位。金融科技和数据信息已经成为当前银行业差异化竞争的核心驱动力，为银行实施产品差异化策略行为提供了有力的技术支持和业务创新土壤。综上，金融科技对银行业产品差异化的影响存在不同的影响方向。

已有研究从不同角度分析了金融科技企业和传统银行的产品差异化优势。这些角度主要包括信息优势差异（Matsumura，2018；Parloury et al.，2019；Vives，2017）、地缘优势差异（Carbo-Valverde & Perez-Saiz，2018）、合规成本差异（Buchak，2018）、客户主观偏好差异（Navaretti & Calzolari，2017）等方面，详细剖析了金融科技企业和传统银行机构之间的差异，但更偏重定性分析和理论解释。对于传统银行机构受到金融科技企业竞争和数字化转型中，银行本身的产品差异化转变机制和程度并未涉及。而产品差异化是银行市场中银行机构主要的竞争手段之一，是市场结构的重要组成部分。在市场结构讨论范畴中，产品差异化是市场势力存在的重要因素。早期研究认为我国商业银行的产品差异化水平较低（张芳，李龙，2012），对于银行业而言，产品同质化竞争会使银行业陷入低水平的价格竞争，如果有足够的产品差异化，就能通过差异化战略实现高效竞争，提高市场效率和核心竞争力。但同时也有研究表明银行收入的多元化反而会增加银行破产风险。有研究显示非利息收入增加，破产风险会增加（Mercieca et al.，2007），主要原因是收入多样化表现为非利息收入的增加，而非利息收入常会使得收益具有高波动性（Williams，2016）。因此，研究金融科技企业影响下银行业产品差异化的变化，不仅能够深入了解银行数字化转型的机制、现状和趋势，而且能够通过对产品差异化竞争中可能存在的问题分析为金融科技监管政策提供一定的实证基础。

本文重点从质量差异化、客户差异化、产品种类差异化角度入手，分析金融科技影响银行业产品差异化的机制，进一步提出理论假说，采用155家商业银行的财务数据进行实证分析综合影响效应。在此基础上，分析金融科技影响银行业产品差异化的异质性，根据异质性分析提出相应的监管政策建议。一是更加注重银行自身业务在金融科技影响下的变化机制，为后续深入研究风险和绩效做铺垫；二是采用中国商业银行的数据实证分析了金融科技对银行业产品差异化的影响效应；三是做好进一步的渠道分析和异质性分析。

二、文献综述

金融业的产品差异化主要是指企业提供与其他企业有区别的产品或服务，这些区别能够使企业在市场竞争中占据有利地位。银行业产品差异化主要有客户对金融产品主观差异和金融产品的客观差异，前者包括营销活动、服务质量和声誉质量等，后者包括地缘优势、业务优势或者价格优势。在金融科技影响下，金融业尤其是银行业的产品、业务和模式的差异化产生了新的表现。下面主要从信息优势差异、地缘优势差异、合规成本差异、客户主观偏好差异几方面对文献进行分类梳理。

在信息优势差异方面，银行提供的服务因信息优势不同而存在差异。早期，传统银行的信息垄断地位来自不同业务间的内部信息流通效应以及原有的"软信息"优势。软信息是指银行因与企业建立的特殊而密切的业务关系，获得的一些无法数据化的内部信息，而其他银行无法获得。针对内部信息流通效应，例如贷款业务可通过支付客户的交易数据进行放贷，这两项业务亦被捆绑销售，银行因此有更强的垄断地位。金融科技企业可通过提供更加便宜的贷款或支付服务阻碍银行内部的信息流通效应，其破坏程度取决于客户数据信息在金融系统间的可传导程度（Parloury et al.，2019）。相对软信息优势，金融科技通过创造"硬信息"催生了金融服务不同的竞争优势。硬信息优势是指通过大数据和机器学习获得的能够简化为数字、信息可编码，且可快捷传输与处理的信息（Matsumura，2018）。关系型银行和交易型银行交易活动之间由于信息获得方式、处理方式等的差异，使得两者具有不同的竞争优势。交易型银行交易活动的场所、效率等因信息技术的普及更为灵活和高效，而关系型银行由于更多地依赖于实体网点和人与人之间的关系，相对来说其交易活动受到更多的限制。这种差距随着金融科技的发展正在逐步扩大，这也促使传统关系型银行正在向交易型银行转型，新出现的专业放贷机构正寻求用大数据挖掘的复杂算法来替代原有的关系型贷款和传统信用评分（Boot，2016）。维维斯（Vives，2017）认为金融科技企业通过硬信息筛选可以破坏银行与客户之间基于软信息的传统关系。数字技术解决了点对点贷款中的信息不对称问题和贷款可分性问题，能够实现非银行机构从事银行业务（Dermine，2017）。当然，硬信息也存在一定的缺陷，硬信息筛选过程中数据易于人为操纵和把控，基于 IT 系统的授信有可能忽视贷款中的道德维度，从而导致更高的市场波动与羊群效应，反而增加系统性风险，而运用软信息能够更深地理解客户的非理性行为、非科学性波动等（Jakšič & Marinč，2019）。

在地缘优势差异方面，金融科技充分打破了原有的基于地缘优势差异的竞争模式，使得金融业务可以实现跨区域交易，但是这一差异存在消费者异质性。相关实证研究分析得到，对于高度依赖数字科技、移动终端以及在线银行的客户群体而言，金融科技企业具有更强的竞争优势，但是传统银行在各个地方的实体网点能够满足一些低收入、高龄或者低知识能力者的需求，从而增加其对银行传统金融产品的接受度（Carbo-Valverde & Perez-Saiz，2018）。这主要是因为信息科技产品在不同年龄、收入和受教育程度的客户群体中具有不同的接受度，传统银行在与金融科技企业竞争中的优势在于其在地理上具有实体网络分布，和客户具有地理上的连接，而这正是金融科技企业所缺乏的，因而能够更好地服务一些信息科技产品接受度低的客户（Billon et al.，2009）。可见，传统银行的物理网点与客户的地理相邻的竞争优势仍然能够发挥作用，传统银行在短期内是否会被人工智能计算机大幅取代取决于消费者对信息科技产品的接受度。

在合规成本差异方面，传统银行相较金融科技企业要承担更多的监管成本。尤其是 2008 年金融危机以来，金融监管的收紧增加了传统银行提供服务的成本，限制了传统银行金融服务范围。而金融科技企业不受这些监管制度限制，能够更快、更迅速地扩张并获得市场份额（Buchak，2018）。

在客户主观偏好差异方面，用户对服务风险、流动性等方面的偏好不同，因而客户主观偏好差异主要体现在银行业务功能差异上。在金融科技下，传统银行不同业务受到的替代性冲击程度不同，整个银行业市场呈现不对称竞争的现象（Han et al.，2017）。在信贷资产方面，现有研究围绕传统银行与金融科技企业是相互补充还是竞争替代进行了讨论，传统银行在提供流动性和更高信用风险资产方面发挥着独特的作用（Dermine，2017）。有研究认为传统银行通常将金融科技企业提供的信贷服务视为信贷资产业务的补充，因为传统银行存在巨大的转型成本，所以传统银行通过容纳金融科技企业进入并与其合作实现盈利以及获得交易费用（Vives，2017）。纳瓦列第和卡佐拉里（Navaretti & Calzolari，2017）认为金融科技能够促进金融市场的竞争，并向消费者提供传统金融机构所不擅长或无法提供的金融产品。但是金融科技企业不会替代银行大部分的关键功能，并且传统银行会采用新技术、新方式来提供已有的服务功能。有研究以 P2P 信贷为例通过实证研究验证了上述观点。有研究表明信息技术增强了贷款融资的包容性和普惠性，拥有有效评分系统的企业在信贷市场拥有更强的竞争力。不过以 P2P 为主的金融科技企业虽然部分替代了传统银行的借贷业务，但是这部分替代主要发生在银行低质量客户上，这种替代降低了 P2P 借贷客户的质量（Tang，2019）。

现有研究金融科技对银行业产品差异化影响的文献并不是非常丰厚，但是对银行业产品差异化竞争中的重要方面都有理论分析或定性研究，也有少数实证分析。特别是金融科技影响下，金融科技企业和传统银行的信息差异化优势比较研究最为深入。但仍有几个方面值得进一步研究探讨，比如金融科技对银行业产品差异化的影响机制和效应，金融科技对银行细分业务发展的影响机制和效应，金融科技如何通过影响银行业产品差异化进一步影响银行风险和绩效。本文将首先对前述第一个问题进行探究。

三、金融科技影响银行业产品差异化的机制分析

（一）金融科技的定义

结合现有文献给出的金融科技定义和金融科技的现实发展情况，本文借鉴贡贝尔等（Gomber et al.，2017）基于多维数据集而构建的数字金融概念框架，对金融科技的研究范畴重新做出界定，梳理金融科技概念。金融科技的概念范畴包括信息技术、金融功能以及机构组织三个维度，每一个维度互相正交。其中，信息技术是指能为金融服务提供创新型技术方案的信息技术，主要是指云计算、大数据、人工智能、区块链、移动互联网、生物识别等；金融功能主要是指信息技术驱动的创新型金融产品或服务，涵盖的范围涉及银行类服务、保险类服务、证券类服务；机构组织主要是指信息技术驱动型金融功能的输出与执行的载体，包括金融科技企业、传统金融机构以及非金融实体机构。这三个维度的元素相互交织形成金融科技内部的各类子领域，随着各维度的动态发展，金融科技的范畴也随之拓展延伸，还可往监管层面延伸。金融科技的狭义概念包含三个维度中较小的范围数据集，即金融科技与银行服务相关的信息技术，金融科技技术驱动下与银行类金融服务相关的业务功能，提供前述信息技术和业务功能的相关金融科技企业[①]。本文选择金融科技的业务功能层面作为主要银行差异化的影响路径。产品差异化的实现不能够脱离金融科技技术的创新和企业创造，因为正是金融科技技术的发展，才使得银行机构服务在业务、渠道和管理等方面产生了变化。但技术和企业

---

① 这些企业能够从不同层面参与银行业的相关金融服务或者提供"类银行"金融服务。

最终也是通过产品创新等来实现产品差异化行为。因此，本文仅分析金融科技如何通过业务功能层面的创新应用对市场上在位企业间的产品差异化起作用。具体见图1。

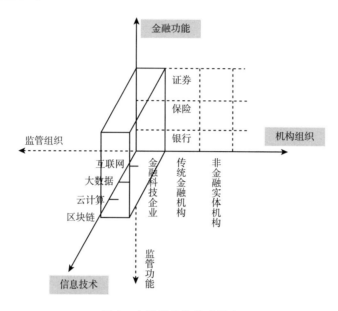

图1　金融科技的范畴界定

（二）路径机制分析

商业银行的产品差异化通常是指银行向客户提供多样的金融服务差异化，包括存款、贷款和中间业务等方面的差异化。在21世纪初，很多研究认为中国银行的产品差异化程度明显不足，主要表现在业务差异化程度比较低、市场营销层次低，如广告多注重银行形象宣传；创新产品种类少，如中间业务和表外业务在我国银行业的利润中占比较小（余丽霞，2008）。也有研究总结不同银行表现为业务、客户定位和结构单一，整体上均以传统资产负债业务为主，中间业务创新少、比重低（张芳，李龙，2012）。结合现实情况，自中国传统银行机构设立以来，银行业市场呈现出寡头垄断特征，主要业务集中在存贷款业务，在位银行机构亦能够通过高进入壁垒和高市场份额获得较高存贷利差。而随着市场开放、利率市场化以及技术手段的创新，我国银行业市场集中度越来越低，进入壁垒也显著下降，这表明目前我国银行业的竞争相较以前越来越充分，尤其是中小商业银行之间的竞争。由于生息产品定价总是与货币市场利率紧密关联，并且这些货币市场利率随周期性的经济因素而调整，这也限制了银行间的价格调整空间。所以银行在生息产品的竞争中，质量选择将是重要的战略行为；在表外业务的竞争中，银行面对无约束的价格竞争，实施最大差异化定位的策略是关键（Doris，1997）。由此，银行机构的产品差异化战略逐渐把重点更多地放在银行中间业务的创新发展上。

结合金融科技的特征以及银行业产品差异化的构成要素，本文认为金融科技基于技术和企业的创新，通过功能层面对银行业产品差异化产生影响，具体影响机制如图2所示。

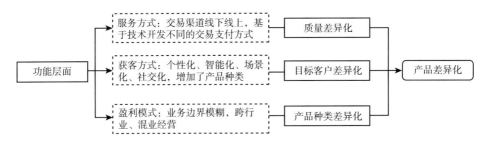

图2　金融科技功能层面对产品差异化的影响机制

首先，金融科技通过对银行服务渠道与交易方式的虚拟化，改变了传统银行的质量差异化和区位差异化。在质量差异方面，金融科技降低了分支网络密度等方面的质量差异化，但是增加了以技术为基础的服务质量差异化。分支网络密度一直是传统银行机构实行纵向差异化的重要手段之一，但是随着互联网技术和移动互联网设备的创新应用，传统的网点密度手段逐渐失去产品差异化竞争的作用。金融科技中移动互联网、互联网技术、云计算、人工智能等的创新，银行机构通过设立互联网银行、智能网点等来实现跨地域远程服务，提升了服务效率，并且由此拓宽了银行物理上的经营范围，增加了全国性银行机构的竞争。消费者也由此获得了即时的、快捷的、跨地域的金融服务。从这一角度看，金融科技的创新降低了银行间在物理地域上的产品差异。但是金融科技也增加了其他方面的质量差异，主要是技术差异带来的质量差异化，如软件差异化、数据库差异化。金融机构亦会利用技术相关的固定资产或者无形资产来提供多样化的服务产品，从而使得银行业产品差异化增加。这是银行基于对范围经济的利用而产生的一种行为策略，在互联网条件下要掌握更大的市场势力，占据更大的市场份额，就需要开发多样化的软件，以及提供个性化的产品来锁定客户。因此，银行业的业务逐步走向以客户需求为核心的销售模式，并通过线上线下组合、多场景交易、多渠道销售等新型服务方式来实现以技术创新、技术基础设施等为基础的质量差异化竞争。

其次，金融科技通过个性化、场景化、智能化的获客方式创新，进一步促进了银行业产品种类的差异化。个性化表现为银行机构可以运用已有的客户关系管理数据库，实现客户数据的个性化管理，为客户提供个性化的服务方案，从而满足客户差异化、多样化和个性化的金融需求。场景化表现为金融科技能够在不同的场合实现客户的金融需求，提供快捷方便的金融服务。这些场景通常包括人们生活的方方面面，如购物、旅行、社交、医疗、教育、生活缴费、投资理财等。当前各类银行机构和金融科技企业都会拥有自己开发的 App，在 App 服务中嵌入多种生活工作场景，客户能够通过在线服务程序获得一站式的个性化体验。智能化主要体现在银行机构通过客户的资产状况、消费习惯、风险承担等为客户提供智能化的投资理财建议，目前发展最为流行的就是智能投顾等产品。可见，金融科技通过多种途径实现了客户差异化。随着技术的发展，银行类机构能够更为精准地定位客户需求，从而改变银行服务的获客方式，获得更多的目标客户。

最后，金融科技使得银行机构的盈利模式发生变化，使得产品种类差异化增加，尤其是传统银行机构的中间业务方面。有研究将中国银行业与非存贷业务相关的产品差异化细分为战略导向、数据库建设、市场细分、市场差异化、服务差异化、银行形象差异化、产品开发差异化等（刘明等，2014）。本文认为金融科技通过盈利模式的创新对其中的市场细分差异化产生了重要影响，即表现为当前金融业务流程更为专业化和细分化，当前已经渐显规模的垂直细分行业主要有第三方支付、理财管理、风险管理、信用评估。这些原本由传统银行机构综合实现的功能，逐步细分形成初具规模的行业。从而传统银行机构转型过程中一方面通过自身技术开发新的产品，另一方面通过与新兴金融科技企业合作来实现新产品的开发。但是这也带来了多种金融风险，很多机构通过互联网金融机构来规避监管实现监管套利。随着监管的强化和金融科技的发展，传统银行机构在转型过程中，通过成立子公司来实现部分金融功能的专业化。截至 2019 年上半年，有计划开设理财子公司的银行数量已达 31 家，包括国有商业银行 6 家、股份制商业银行 9 家、城市商业银行 14 家和农村商业银行 2 家。其中已有 8 家银行的理财子公司通过审批，中国工商银行、中国建设银行的理财子公司已经步入营业状态。① 部分专家认为银行的理财子公司可以承接两部分的业务：一是"资管新规"之后新发行的

---

① 陆敏. 银行系资管子公司蓄势待发［N/OL］. 经济日报，2018 - 07 - 11，http：//bank. jrj. com. cn/2018/07/11074124797765. shtml.

产品，还包括母行发行的期限较长的老产品和新募集资金投资的新产品。二是母行存续的部分期限较长产品，从资金端到资产端需要剥离到资管子公司。如成立理财子公司、金融科技公司等。这必然会导致市场上相关产品种类的增加，直接增加了产品种类差异化。

通过上述分析，可以发现金融科技通过金融功能创新等途径，从多方面实现了银行业产品差异化的增加，尤其是非生息产品的产品差异化增加。因此，本文假设金融科技会增加银行机构在中间业务方面的产品差异化程度。据此，提出假设：

假设1：金融科技会增加银行机构在中间业务方面的产品差异化程度。

四、金融科技影响银行业产品差异化的实证模型

（一）银行业产品差异化的衡量

产品差异化的衡量指标通常采用产品需求的交叉价格弹性。交叉价格弹性的计算方法为某一产品需求量的变化率相对另一产品价格变化率之比（陆少秋，顾弘敏，2004）。但是银行业的交叉价格弹性很难测算。有学者提出银行差异化营销战略绩效的评估，采用平衡计分卡理论估计战略绩效，通过多元回归得出数据库建设作用能够有利推动产品差异化进程。但是数据库建设为基础性策略，会随着差异化战略成熟而失去差异化功能，因而该策略只能作为早期战略行为（刘明等，2014）。

近年来很多研究也通过计算银行业中传统银行机构中间业务相关指标来衡量银行的产品差异化程度或是业务多元化程度。银行业存贷款业务领域的产品同质化较深，进入壁垒降低，银行为了进一步获取市场势力，获得超额利润，而逐渐转向增加非利息收入的多种竞争手段来获取客户和利润。中间业务不同于存贷款业务，商业银行中间业务通常是商业银行产品创新最为活跃的领域，产品品类也最为丰富，主要包括支付清算业务、理财咨询业务、托管业务等，差异化竞争通常是获得市场份额的关键。有研究采用非利息收入在总收入中的占比作为银行业务多元化程度的衡量指标（唐文进等，2016）。或是用中间业务净收入占营业收入比重来衡量银行业务结构的差异化（卢煜雯，2013；严晓楠，2018）。有研究发现2007～2011年商业银行的中间业务收入偏低，存贷差仍然是主要收入来源（卢煜雯，2013）。还有研究认为我国差异化服务起到对市场整体推动作用是在利率市场化改革之后，该研究

采用银行业务的管理费用占主营业务收入比重来计算差异化程度（武博雅，2017）。

结合已有文献和现有数据，考虑到计算方法的可行性以及指标的代表性，本部分在衡量中国银行业产品差异化时主要采用银行中间业务的相关指标进行度量，并在此基础上进行实证分析。本文主要采用银行非利息收入占营业收入比重作为衡量银行业中传统银行机构在中间业务方面的产品差异化水平的指标。

（二）模型构建

以银行机构产品差异化程度为被解释变量，金融科技功能层面指标为解释变量构建实证分析模型，具体如下：

$$PD_{it} = \alpha_{it} + \beta_{1t} Func_{jt} + \beta X + \mu_{jt} + \varepsilon_{it}$$

其中，PD_{it} 为产品差异化指标，$Func_{jt}$ 为金融科技功能层面指标，X 为控制变量，μ_{jt} 为个体固定效应。

（三）变量定义与数据来源

1. 被解释变量

产品差异化值（$PD_{it} = NII$）。衡量指标为非利息收入占营业收入比重。非利息收入指商业银行除利差收入之外的营业收入，主要是中间业务收入和咨询、投资等活动产生的收入。该指标能够衡量一个银行机构的业务结构，随着存贷业务竞争的越来越激烈，银行业务结构中非利息收入占据越来越重要的位置，比值越高说明其业务结构越多元，产品差异化程度越高。

2. 解释变量

金融科技业务发展水平。金融科技功能发展指标 $Func_{jt}$，即金融科技在银行业务功能方面的发展，采用北京大学数字金融普惠指数作为衡量金融科技在业务功能方面的发展广度与深度。该指标主要根据某金服的用户数据构建而成，直接反映了金融科技企业的金融科技业务发展水平。而且某金服属于金融科技企业领域具有代表性的大型金融科技企业，由该指标代替金融科技企业业务发展水平有一定合理性。

3. 控制变量

（1）成本收入比。成本收入比越低，经营管理的能力也就越强。银行的经营能力与非利息收入有很强的相关关系。一是银行的经营管理能力越强，则其风险承受能力也越强，则更容易发展创新型的非利息收入业务。二是非利息收入业务相对于传统信贷业务，创新性较强，通常受到监管部门较为严格的监管，而监管部门更倾向让经营管理能力较强的银行发展非利息收入业务。因此，假设成本收入比和银行机构产品差异化呈负相关关系。

（2）银行规模。银行规模决定了利息业务和非利息业务总体规模，不同规模、不同类型（如商业银行、社区银行等）银行对新型业务的参与程度存在显著差异（Rogers，1998）。银行规模采用其相对全国银行市场的规模比值作为衡量指标。本文假设银行规模与产品差异化呈正相关关系。

（3）金融发展程度。金融发展程度越高，社会对多样化金融产品的需求越高。而非利息收入产品多涉及社会直接融资活动，因此，本文采用社会直接融资规模增量占社会融资规模增量的比重作为衡量金融发展程度的指标，[①]其中直接融资规模增量为非金融企业股票融资和企业债券的总和。本文假设金融发展程度对产品差异化具有正向作用（周正清，2017）。

（4）金融监管强度。金融监管会对银行机构的业务范围进行监管，监管强度大，则相应的银行对于风险承担持保守态度，通常会减缓中间业务的扩张。本文采用每年的银行进入数量的负值作为监管强度，值越小，监管强度越小。本文假设金融监管强度对产品差异化具有负向作用。

4. 数据来源

数据样本的个体范围包括6大国有商业银行、12家股份制商业银行、128家城市商业银行以及9家民营银行，共155家商业银行。本文样本并未包含农信社和农合社，一是因为这些银行财报数据不全面，二是这些机构在全国银行市场所占份额并不是很大，与城市商业银行同属于中小型银行机构。

样本时间段为2013~2018年，虽然中国在20世纪90年代中期开始了利率市场化进程，整体上呈现渐进式。直到2013年以后，利率市场化才日益成熟，并逐步完成。因此本文选取2013~2018年为实证检验的窗口期，这一时期内金融科技也在中国开始蓬勃发展。

银行层面数据均来自各银行机构公布的年报财务数据；省级层面数据来

---

① 根据证监会定义，我国常用的直接融资比重指标是增量法，指每年新增非金融企业直接融资（股票和债券）占新增社会融资规模的比重。这也是人民银行提出"社会融资规模"概念后，在《金融业发展和改革"十二五"规划》中所使用的统计口径，该规划提出2015年底该比重达到15%以上的发展目标。参考链接：http://www.csrc.gov.cn/pub/newsite/yjzx/sjdjt/zbsczdjcyj/201505/t20150514_276935.html。

自万得数据库的宏观经济数据统计；银行相对应的宏观数据采用银行所在各省份数据。

（四）描述性统计分析

表 1 汇报了所有原始变量的描述性统计结果，该表对各变量的均值、标准差、最值以及样本量均进行了统计报告。银行机构的非利息收入占营业收入比重的平均值在 24.66% 左右，其中股份制商业银行的非利息收入占比高于其他所有种类的银行机构，其次为国有、城市和民营银行。这说明目前股份制商业银行的产品差异化程度最高，而城市商业银行和民营银行还存在一定差距。再者，地区间的非利息收入占比存在一定差距，但没有银行种类间的差距大。其他变量中，成本收入比是新变量，其平均水平在 35.46%。而从不同种类银行层面看，非利息收入占比平均水平最低的民营银行，拥有相当高的成本收入占比，在 69.47% 左右，远比股份制商业银行的 30.69% 要高。这说明民营银行在实施产品差异化战略中有可能处于劣势。这里需要进一步说明的是不同种类银行下计算的金融科技功能发展均值、金融发展均值以及监管强度均值均是银行所属地区的省级均值。

表 1   原始变量的描述性统计结果

变量	均值	标准差	最小值	最大值	国有均值	城市均值	民营均值	股份均值	东部均值	东北部均值	中部均值	西部均值
PD_{it}	24.66	21.7	−36.93	122.5	23.52	24.49	19.28	29.5	24.47	26.98	23.3	24.77
$Func$	236.7	56.13	118	377.7	286	229	294	264.4	253.3	226.4	219.9	216
$Cost\_benefit$	35.24	15.23	14.83	312.8	33.47	34.21	69.47	30.69	36.65	36.58	33.67	32.58
$Marketsize$	0.1	0.341	0.00	2.604	1.56	0.016	0.002	0.278	0.185	0.016	0.015	0.010
$Finance$	15.39	12.8	−133.9	54.46	28.3	14.06	16.53	22.06	19.15	7.197	15.81	10.97
$Regulation$	−7.76	10.30	−56	0	−0.72	−8.65	−1.45	−5.02	−9.23	−3.01	−11	−5.02

注：样本总量为 870 个，其中国有商业银行样本 36 个、股份制商业银行样本 70 个、民营银行样本 33 个、城市商业银行样本 731 个；东部样本 444 个，西部样本 215 个，中部样本 117 个，东北部样本 94 个。

同时，本文还对所有自变量的方差膨胀因子进行测算，均小于 10，说明变量间并不存在严重多重共线性。为了进一步确认变量间的关系，本文还对各个变量进行了相关性检验，如表 2 所示。从表中可得，各自变量之间并不存在显著的相关性。因此，这些变量可进一步进入相关实证分析。

表2 变量相关性检验

变量	PD_{it}	$Func$	$Cost\_benefit$	$Marketsize$	$Finance$	$Regulation$
PD_{it}	1					
$Func$	0.143	1				
$Cost\_benefit$	−0.0194	0.0885	1			
$Marketsize$	0.00870	0.199	−0.0867	1		
$Finance$	−0.0122	−0.00190	−0.0108	0.250	1	
$Regulation$	0.0384	0.3972	0.0278	0.1598	−0.0383	1

五、金融科技影响银行业产品差异化的实证分析

本文采用 2013~2018 年我国商业银行个体的非平衡面板数据，并选择固定效应模型对已有数据进行回归分析。由于本文面板数据属于短面板类型，时间维度仅 5 年，每个个体信息较少，无法探讨扰动项是否存在自相关。但是为了控制潜在的异方差和潜在可能的序列相关问题，本文对所有回归系数的标准误都在省级层面进行了集群处理。

（一）基本回归

本文采用逐渐加入变量的逐步回归的方式，得到表 3 的结果。结果显示金融科技功能层面对非利息收入占比的变化具有显著正向关系，这说明金融科技功能层面的创新发展能够有效提升银行机构本身的产品差异化水平。模型假设得到验证。控制变量中，成本收入比和非利息收入占比呈负相关关系，但是并不显著；银行市场规模与非利息收入占比呈正相关关系，与假设一致，但是显著性水平不高；监管强度与非利息收入占比呈负相关关系，与假设一致，但同样显著性水平不高；金融发展水平与非利息收入占比呈正相关关系，在 90% 水平上显著，这说明直接融资的发展确实推动了银行机构产品差异化的发展。

表3   金融科技对产品差异化的固定效应回归结果

变量	(1) PD_{it}	(2) PD_{it}	(3) PD_{it}
Func	0.0829 *** (0.000)	0.0907 *** (0.000)	0.0912 *** (0.000)
Cost_benefit		−0.0461 (0.541)	−0.0461 (0.541)
Marketsize		15.5467 (0.126)	15.7155 (0.115)
Finance		0.1323 ** (0.041)	0.1324 ** (0.041)
Regulation			−0.0066 (0.887)
Cons	5.0518 (0.227)	1.2289 (0.834)	1.0584 (0.853)
Fixed Effect	Yes	Yes	Yes
Cluster Province	Yes	Yes	Yes
N	867	867	867
R^2	0.078	0.090	0.090
F	22.9355	8.8431	8.1495

注：括号里为 p 值，$*p<0.1$，$**p<0.05$，$***p<0.001$。

（二）稳健性检验

本文采用北大数字金融普惠指数的三个业务分级指标作为金融科技业务功能发展水平的替代指标，分别是：Credit 即信贷发展水平；Payment 即第三方支付发展水平；Monetary_fund 即货币基金发展水平。这三个指标替换后发现模型估计仍然稳健，三个指标对银行中间业务收入比重的影响均为正（见表4）。

表 4   稳健性检验结果

变量	(1) PD_{it}	(2) PD_{it}	(3) PD_{it}
$Credit$	0.120 *** (5.391)		
$Payment$		0.077 *** (5.343)	
$Monetary\_fund$			0.061 *** (4.866)
$Cost\_benefit$	-0.062 (-0.823)	-0.046 (-0.611)	-0.060 (-0.795)
$Marketsize$	11.394 (1.045)	18.764 (1.626)	6.649 (0.705)
$Finance$	0.133 ** (2.085)	0.087 (1.507)	0.050 (0.885)
$Regulation$	0.026 (0.621)	0.002 (0.044)	0.087 * (1.711)
$Cons$	6.221 (1.266)	7.020 (1.514)	15.195 *** (3.846)
Fixed Effect	Yes	Yes	Yes
Cluster Province	Yes	Yes	Yes
N	867	867	867
R^2	0.090	0.103	0.083

注：括号里为 p 值，$*p<0.1$，$**p<0.05$，$***p<0.001$。

    同时，通过表 4 还可发现，金融科技的信贷发展水平对银行中间业务收入比重的正向影响更大，这也从侧面印证了金融科技的发展会通过增加产品种类这一渠道增加银行中间业务收入多元化。因为，金融科技企业要开展信贷业务通常会与银行合作开发各类消费金融产品或者各类场景化金融，但这也模糊了业务边界，成为风险点的隐藏路径。

（三）异质性分析

    在上述分析基础上，本文进一步对金融科技影响银行业产品差异化的效果进行了异质性分析。这主要是基于在描述性统计分析中，各银行产品差异化存在显著的银行种类差异性和一定的地区差异性。因此，金融科技对产品差异化的影响结果也有可能存在一定的差异性。

首先，对地区异质性进行分析。本文以东部地区作为参照对象，建立地区虚拟变量，分别为中部、西部和东北部三个虚拟变量。再在此基础上构建金融科技功能层面和地区虚拟变量的交乘项变量。表 5 汇报了地区异质性的回归结果。从系数上看，金融科技功能层面的发展仍然对非利息收入占比具有显著的正向作用。但是根据列（2）到列（4）汇报结果看，中部、西部和东北部的系数均为负数，即中部、西部、东北部的影响作用低于东部的影响作用，但是显著性水平不高。这说明金融科技对产品差异化的正向作用并不存在显著的地区差异。原假设不成立。这也从侧面证明，金融科技的技术跨越了地理限制，拓宽了竞争的空间范围，从而在全国范围内对所有地区的银行机构造成冲击。

表5 金融科技对产品差异化的地区异质性

变量	（1） PD_{it}	（2） PD_{it}	（3） PD_{it}	（4） PD_{it}
$Func$	0.0912 *** （0.000）	0.1010 *** （0.000）	0.1067 *** （0.000）	0.1128 *** （0.000）
$Func \times middle$		−0.0657 （0.140）	−0.0710 （0.125）	−0.0771 （0.108）
$Func \times west$			−0.0190 （0.641）	−0.0256 （0.545）
$Func \times eastwest$				−0.0380 （0.209）
$Cost\_benefit$	−0.0461 （0.541）	−0.0425 （0.574）	−0.0399 （0.601）	−0.0393 （0.606）
$Marketsize$	15.7155 （0.115）	20.4073 ** （0.049）	22.8922 ** （0.046）	25.7903 ** （0.044）
$Finance$	0.1324 ** （0.041）	0.1334 ** （0.041）	0.1306 ** （0.038）	0.1234 ** （0.046）

续表

变量	（1） PD_{it}	（2） PD_{it}	（3） PD_{it}	（4） PD_{it}
Regulation	− 0.0066 （0.887）	− 0.0085 （0.864）	− 0.0165 （0.739）	− 0.0260 （0.612）
Cons	1.0584 （0.853）	0.0518 （0.993）	− 0.4731 （0.937）	− 0.7505 （0.895）
N	867	866	866	866
R^2	0.090	0.096	0.097	0.098
F	8.1495	7.1741	6.2967	7.0212

注：括号里为 p 值，$*p<0.1$，$**p<0.05$，$***p<0.001$。

其次，对机构种类异质性进行分析。本文以城市商业银行为比较对象，建立不同种类银行的虚拟变量，分别为国有商业银行、股份制商业银行、民营银行三个虚拟变量。在此基础上构建金融科技功能层面和不同种类银行变量的交乘项变量。表6汇报了不同种类银行机构异质性的回归结果。从系数上看，金融科技功能层面对非利息收入占比的正向作用显著。根据三个交乘项系数发现，金融科技功能与股份制商业银行交乘项系数为正，且在90%水平上显著。这说明股份制商业银行相对城市商业银行的正向作用更大。也就是说，金融科技功能层面的发展在更大程度上促进了股份制商业银行的产品差异化，而城市商业银行的产品差异化水平相对较小。而金融科技和国有商业银行交乘项、金融科技和民营银行交乘项系数并不显著，这表明金融科技对国有商业银行、民营银行产品差异化的作用并不存在统计水平上的显著差异。

表6　　　　　　　　　　**金融科技对产品差异化的机构异质性**

变量	（1） PD_{it}	（2） PD_{it}	（3） PD_{it}	（4） PD_{it}
Func	0.0912 *** （0.000）	0.0925 *** （0.000）	0.0886 *** （0.000）	0.0881 *** （0.000）
Func × state		− 0.0474 （0.139）	− 0.0374 （0.258）	− 0.0371 （0.252）

续表

变量	(1) PD_{it}	(2) PD_{it}	(3) PD_{it}	(4) PD_{it}
$Func \times share$			0.0369* (0.100)	0.0374* (0.094)
$Func \times private$				0.0254 (0.856)
$Cost\_benefit$	−0.0461 (0.541)	−0.0458 (0.545)	−0.0452 (0.549)	−0.0402 (0.633)
$Marketsize$	15.7155 (0.115)	−2.3046 (0.855)	1.6881 (0.883)	1.5598 (0.893)
$Finance$	0.1324** (0.041)	0.1322** (0.042)	0.1307** (0.042)	0.1313** (0.044)
$Regulation$	−0.0066 (0.887)	−0.0094 (0.840)	−0.0033 (0.943)	−0.0024 (0.959)
$Cons$	1.0584 (0.853)	3.0923 (0.562)	2.7723 (0.587)	2.4222 (0.664)
N	867	866	866	866
R^2	0.090	0.090	0.092	0.092
F	8.1495	7.0404	101.4659	127.0499

注：括号里为 p 值，$*p<0.1$，$**p<0.05$，$***p<0.001$。

因此，本文仅讨论股份制商业银行和其他银行之间的差异。实证结果表明，金融科技功能的创新发展对股份制商业银行产品差异化的正向作用最大，而城市商业银行相对更小。结合现实情况来看，一是股份制商业银行相对城市商业银行拥有更多的人力、财力、物力储备，也拥有更大的市场和更强的风险管理能力。其更有实力开展各项中间业务。二是在金融科技冲击中，股份制商业银行通常对新兴技术和新兴产品具有最为敏捷的洞察力，也是在金融科技冲击下亟须改革的群体。其为了在全国范围内竞争，更加致力于差异化竞争战略。三是在金融科技企业不断兴起进入银行业的过程中，通常寻求与在位传统银行机构合作。大型股份制商业银行以其强势的市场地位和强烈的创新性，通常能够与新兴金融科技企业形成最为广泛的合作。而城市商业银行在合作方面存在一定的劣势，这是因为城市商业银行和民营银行在实施差异化战略方面都存在一定劣势，这些银行本身规模较小，主要目标客户范围又具有地区限制，不仅在存贷款市场上面临国有商业银行、股份制商业银行的激烈竞争以及新进入金融科技企业在子业务方面的竞争，而且从历史水平看，其在产品差异化竞争方面的表现亦不尽如人意。因此，城市商业银行、民营银行等中小型银行在金融科技时代的发展，需进一步加强产品差异化战略。

（四）产品差异化竞争与监管政策

现有监管内容中对金融科技的竞争性监管较为薄弱。首先，金融科技促进中间业务的比重增加，但是中小银行在市场变革中处于劣势，反而增加了银行市场的两极分化。金融科技的技术有很强的规模效应，具有资本规模优势的大银行更容易实现数字化转型并占据更大市场份额。而中国中小银行在金融科技的发展冲击下处于市场竞争的劣势地位。这主要是因为中国的城市商业银行以及民营银行等具有很强的地域性，整体规模较小，技术人才短缺，经营模式相对单一。而金融科技的利用需要多方面的条件，一是需要有完善的技术基础设施为运行金融科技相关功能提供基础；二是需要成熟的技术人才团队等为挖掘业务创新提供技术潜力；三是拥有优质的客户关系管理、场景应用平台等，用来吸引并沉淀客户。因此在金融科技冲击下，中小银行很难在短时间内实现金融科技技术、业务功能以及企业等方面的策略布局，而金融科技的反垄断政策仍然需要在银行业有所施行，防范金融风险发生。

其次，从产品差异化看，对技术性差异化竞争缺乏相应的监管法规。对于创新型金融产品的监管通常遵循"先发展，后治理"的路线，但这容易造成资源错配，影响银行业金融科技的健康发展。例如，在金融科技影响下，银行业内机构间竞争的方式也变得更加信息化、智能化，一些不公平竞争、反竞争行为也转换了表现方式，利用技术变得更为隐蔽。一方面，金融机构采用人工智能、大数据等技术对个人用户的消费、信用数据进行分析，针对不同信用评分、偏好口味的用户提供具有价格差异化、质量差异化的金融产品或服务。但是其背后所采用的算法技术也同样能够实现垄断合谋、价格歧视、场景欺骗等不公平竞争行为，并且定义与识别难度变得更大，现有的监管法规对这方面的行为无法进行认定和检测。另一方面，随着组织机构的虚拟化，传统依靠物理网点的差异化竞争逐渐淡化，很多金融服务通过网络提供服务方式与产品模式的信息化，也进一步助长了非法竞争行为的产生，而且形式边界更为模糊。如一些金融科技企业或金融机构通过网络实现违规销售、泄露客户信息、绑架银行信誉、提现困难、卷款跑路等不当行为，消费者难以提前识别。这些都给金融市场稳定、消费者权益带来了损害。在这方面的监管，已经有规定指出，高风险高收益金融产品应严格执行投资者适当性标准，强化信息披露要求。明确互联网金融从业机构不得以显性或隐性方式，通过自有资金补贴、交叉补贴或使用其他客户资金向客户提供高回报金融产品。高度关注互联网金融产品承诺或实际收益水平显著高于项目回报率或行业水平相关情况。中国互联网金融协会建立专家评审委员会，督促相关部门对互联网金融不正当竞争行为进行评估认定，并将结果移交相关部门作为惩处依据。但仍然需要具体法规进行规范，大力发展监管科技，健全监管科技基础设施建设，结合金融科技监管制度，针对不同的情况实施相应的监管。

六、结论与监管政策建议

金融科技具有提升银行中间业务产品差异化的作用。但在异质性分析结果中，可以发现城市商业银行、民营银行等中小银行受到的冲击存在不平衡现象：中小银行产品差异化程度增加的幅度最小，即其在金融科技影响下通过中间业务发展相对大型银行和股份制银行存在劣势。这不仅不利于中国整体金融体制的平衡发展，也不利于各地区金融体系的高质量发展。因为，通常中小银行机构更多地服务于当地客户，对地区金融资源的流通起到了非常重要的作用。理论上讲，金融科技应当更能够推动中小银行提升竞争力，但结合理论分析和实证分析发现两者并未很好地进行融合。因此，未来银行业市场发展中，如何推动中小银行利用金融科技提升自身竞争实力是非常重要的问题。

金融科技改变了银行业的进入壁垒、产品差异化等，市场竞争格局就此发生变化。银行业竞争监管应当充分考虑金融科技的特征因素，能够科学合理地识别并防范由技术、数据等带来的垄断问题和竞争乱象。现有的金融监管政策不仅要保证能够防范金融风险本身、保护金融消费者权益，而且要能够保证银行业市场的公平竞争环境以实现金融稳定。然而不管是现有的金融监管政策还是现有的竞争政策，都缺乏针对银行业和金融科技市场，能够兼顾竞争公平与金融稳定的竞争政策。因而，一是需要构建金融监管与竞争政策间的协调治理架构来实现银行业市场的稳定和公平。如构建创新、开放、共享的银行服务体系以促进银行业市场的公平竞争。二是监管手段上应当更加科技化、智能化与国际化，进一步构建标准化的金融科技技术标准体系。

政府部门与监管部门需要协调合作，构建具有互操作性和协调性的金融科技技术标准体系，以打造公平竞争的市场环境。三是在监管内容上构建与经营模式相匹配的监管模式。构建与经营模式匹配的监管模式的主要目的是弥补监管空白，即对金融科技施行分类监管，针对不同情况构建不同的监管标准，进一步平衡风险和创新。

参考文献

[1] 刘明，刘涛，张同建. 四大国有商业银行差异化营销战略比较研究 [J]. 金融论坛，2014，19（6）：26 – 31.

[2] 卢煜雯. 中国商业银行产品差异化问题研究 [D]. 福建师范大学，2013.

[3] 陆少秋，顾弘敏. 从产品差异化策略看入世后我国金融业的混业经营 [J]. 中央财经大学学报，2004（1）：27 – 30.

[4] 唐文进，许超，彭元文. 中国商业银行竞争度及其影响因素研究——基于 Lerner 指数的实证分析 [J]. 武汉金融，2016（6）：10 – 15.

[5] 武博雅. 利率市场化对商业银行市场结构的影响研究 [D]. 北京交通大学，2017.

[6] 严晓楠. 互联网金融对我国商业银行市场结构及绩效的影响研究 [D]. 天津商业大学，2018.

[7] 余丽霞. 中国银行业市场结构实证分析及建议 [J]. 经济社会体制比较，2008（3）：49 – 53.

[8] 张芳，李龙. 中国银行业市场结构衡量指标及分析 [J]. 宏观经济研究，2012（10）：77 – 83.

[9] 周正清. 商业银行盈利模式转型研究 [D]. 上海社会科学院，2017.

[10] Billon M., M. R. and L. F. Disparities in ICT adoption：A multidimensional approach to study the cross-country digital divide [J]. Telecommunications Policy, 2009, 33 (10)：596 – 610.

[11] Boot, A. W. A. Understanding the future of banking scale and scope economies, and fintech [A]. Demirgüç-Kunt, A., D. D. Evanoff, and G. G. Kaufman. The Future of Large, Internationally Active Banks [M]. World Scientific Publishing Co. Pte. Ltd., 2016：431 – 449.

[12] Buchak, G., G. Matvos and T. Piskorski, et al. Fintech, regulatory arbitrage, and the rise of shadow banks [J]. Journal of Financial Economics, 2018, 130 (3)：453 – 483.

[13] Carbo-Valverde, S. and Perez-Saiz, H. Competition, Geographic Proximity and Pricing in the Retail Banking Industry [R]. Technical Report, Working Paper No. 3, International Monetary Fund, 2018：1 – 49.

［14］ Dermine, J. Digital disruption and bank lending ［J］. European Economy-Banks, Regulation, and the Real Sector, 2017（2）: 63 – 76.

［15］ Doris, N. Anteilsbesitz von Banken: Wohlfahrtsverlust oder wohlfahrtsgewinn? ［J］. Ifo-Studien, 1997（1）: 15 – 34.

［16］ Gomber, P. , J. A. Koch and M. Siering. Digital Finance and FinTech: Current research and future research directions ［J］. Journal of Business Economics, 2017, 87（5）: 537 – 580.

［17］ Han, J. , J. Jun and K. Kang. The effects of fintech prepaid services on competition and stability in banking ［J］. Journal of Money & Finance, 2017, 31（4）: 35 – 49.

［18］ Jakšič, M. and M. Marinč. Relationship banking and information technology: The role of artificial intelligence and FinTech ［J］. Risk Management, 2019, 21（1）: 1 – 18.

［19］ Matsumura, Y. Information Advantage, Relationship Advantage and Competition in Banking Industry ［EB/OL］. https: //ssrn. com/abstract = 3129614, 2018.

［20］ Mercieca S. , Schaeck K. , Wolfe S. Small European banks: Benefits from diversification? ［J］. Journal of Banking & Finance, 2007, 31（7）: 1975 – 1998.

［21］ Navaretti, G. B. and G. Calzolari. FinTech and banks: Friends or foes? ［J］. European Economy-Banks, Regulation, and the Real Sector, 2017（2）: 9 – 30.

［22］ Parlour, C. A. , U. Rajan and H. Zhu. FinTech Disruption, Payment Data, and Bank Information ［C］. Finance Brown Bag Seminar, 2019.

［23］ Rogers K. E. Nontraditional activities and the efficiency of US commercial banks ［J］. Journal of Banking & Finance, 1998, 22（4）: 467 – 482.

［24］ Shim Y. , Shin D. H. Analyzing China's fintech industry from the perspective of actor-network theory ［J］. Telecommunications Policy, 2016, 40（2 – 3）: 168 – 181.

［25］ Tang H. Peer-to-peer lenders versus banks: Substitutes or complements? ［J］. The Review of Financial Studies, 2019, 32（5）: 1900 – 1938.

［26］ Vives, X. The impact of FinTech on banking ［J］. European Economy-Banks, Regulation, and the Real Sector, 2017（2）: 97 – 105.

［27］ Williams, B. The impact of non-interest income on bank risk in Australia ［J］. Journal of Banking & Finance, 2016（73）: 16 – 37.

环境污染、收入不平等与社会风险层面规制目标锁定[*]

范洪敏　徐　晶[**]

摘　要　环境污染超过一定阈值后是否会损害居民健康，提高个人医疗支出水平而加大收入不平等？公共卫生服务支出增加能否在一定程度上缓解收入不平等？在理论分析基础上，文章运用跨国面板数据对上述问题进行了实证检验。研究发现：第一，环境污染与收入不平等之间存在"U"型关系，当环境污染程度超过一定阈值后会加大收入不平等；第二，环境质量恶化会导致个人医疗支出增加而加大收入不平等；第三，公共卫生服务支出的增加能够降低环境质量恶化带来的收入不平等。因此，应依据环境污染所带来的收入不平等等社会风险，制定社会风险层面的环境质量标准并建立"污染暴露风险监测—健康损害评估—赔偿救助"机制，同时加大公共医疗卫生投入，促进公共服务均等化，降低环境污染对收入不平等的扩大效应。

关键词　环境污染　收入不平等　健康损害　环境规制

一、引　言

改革开放以来，中国经济取得了快速增长，2018 年人均 GDP 已超过 9780美元，进入了中高等收入国家行列。然而，中国持续高速增长的背后却是以

---

　*　辽宁省社会科学规划基金项目（L19CJY002）、教育部青年基金项目（19YJC790025）、科技部国家重点研发计划重点专项项目子课题（2018YFC1801205）、中国博士后第 67 批面上资助项目（2020M670769）、辽宁省教育厅社科类青年科技人才"育苗"项目（LQN201924）资助。
　**　范洪敏，辽宁大学公共管理学院副教授；徐晶，辽宁大学公共管理学院硕士研究生。

高污染、高能耗、高环境损害为代价的。2015 年按照《环境空气质量标准》（GB3095 – 2012）监测的 338 个城市中，空气质量达标的城市仅占 21.6%。环境污染带来严重经济损失和健康损害，1998 ~ 2010 年，中国环境污染成本约占实际 GDP 的 8% ~ 10%（杨继生等，2013），而居民是环境污染的最终受害者（杨继生、徐娟，2016），"环境颗粒物质污染"成为第四大健康杀手。良好的生态环境是最公平的公共产品，然而环境污染暴露风险、经济损失成本和健康损害成本在不同地区、不同种群之间分担并不是平等的。国内外众多学者研究发现，社会经济地位低、少数民族或种族、城镇农民工、外来移民等规避环境风险的能力较差，往往承受更高水平的环境污染暴露风险（Brooks & Sethi，1997；Crowder & Downey，2010；Ard，2015；Schoolman & Ma，2012；Bakhtsiyarava & Nawrotzki，2017）。污染本身就是影响健康的一大因素，差异化的污染暴露水平和污染健康效应是环境健康公平理论两个重要微观机制，这意味着弱势群体往往更容易暴露在污染源中，承受更多的健康损害，从而导致健康不平等和社会不平等（祁毓，2016）。空气污染对健康具有明显的负效应，其效应的大小具有显著差异性，处于弱势地位的群体会遭受更大的负效应（李梦洁、杜威剑，2018），社会经济地位较高的居民能够选择居家迁移、购买防护设备等规避环境污染措施，因此社会经济较低的居民身体健康状况更易遭受环境污染的影响（苗艳青、陈文晶，2010）。王兵、聂欣（2016）也发现工业废水排放量的增加会使得区域老年人的疾病率有明显的增加，从而对民众健康水平的提高造成不利影响。环境污染不仅会恶化国民健康进而加剧地区和城乡间收入不平等，而且经济发展落后地区承担更高的污染健康成本使得地区之间的实际不平等程度上升了 1.33% ~ 9.92%（祁毓、卢洪友，2015）。这意味着环境污染暴露风险的差异化决定了"污染暴露—健康水平效应"的异质性，社会经济地位低的群体遭受更多的健康损害，不但承受相对更高的健康成本，而且就业能力和劳动收入水平有可能下降，这加剧了社会收入不平等或贫富差距（祁毓、卢洪友，2015；祁毓，2016），环境污染可能成为加剧社会收入不平等的来源之一（国合会"中国环境保护与社会发展"课题组，2014），收入不平等又会通过环境质量的传导对居民健康造成影响（祁毓、卢洪友，2013）。一般情况下，环境污染超过一定阈值后会对居民健康产生影响，那么环境污染与收入不平等是否存在非线性关系？环境污染超过一定阈值后是否会通过损害居民健康，提高个人医疗支出水平而加大收入不平等？完善的公共卫生服务能够有效减少环境污染暴露风险和健康损害成本，那么公共卫生服务投入增加能否在一定程度上缓解收入不平等？

本文运用 1990～2008 年 65 个国家和地区面板数据对环境污染与收入不平等关系进行了实证检验并尝试对上述问题进行了回答。研究发现，第一，环境污染与收入不平等之间存在"U"型关系，当环境污染程度超过一定阈值后会加大收入不平等；第二，环境质量恶化会造成居民健康损害和医疗负担水平不断提高，个人医疗支出的增加会加大收入不平等；第三，政府公共医疗卫生支出的增加能够有效降低收入不平等。

二、理论分析与研究假设

（一）"环境红利"分配不公平与不可持续性

环境作为经济活动空间载体，与劳动、资本、土地一样，是经济生产活动的重要要素，由于环境的公共属性，环境要素投入获得的收益涵盖在劳动者工资、政府税收和企业利润里面，即所谓的"环境红利"（杨继生、徐娟，2016）。在环境污染尚未达到阈值之前，居民、政府和企业享受着巨大的环境红利，极大提高了劳动者收入水平，在一定程度上减少了贫困和不平等；然而环境红利的分配是不公平的，居民更多承受了环境污染的影响（杨继生、徐娟，2016）。随着环境质量不断恶化，超过环境自身净化能力阈值之后，环境污染对居民健康损害效应开始大于收入红利效应（杨继生等，2013），表现在污染对居民健康损害程度提高，居民健康人力资本和劳动就业能力下降，进而加剧了贫困和收入不平等。从环境收入红利的分配不公平与不可持续上看，环境污染对居民健康存在阈值，环境污染对收入不平等的影响也有可能存在非线性关系并存在阈值。

（二）环境污染暴露风险和健康损害的差异化

环境污染作为经济发展过程的负产品，给居民身体健康造成严重的威胁。表面上看，处于同一区域的每个个体都面临同样的环境污染和健康损害威胁，但实质上，环境污染暴露风险是具有结构化和社会地位分层意义的（张文晓等，2017）。不同的个体拥有不同的社会结构地位，包括收入、职业、受教育程度等，决定了不同的个体拥有不同的环境风险规避和应对能力。众多研究发现，社会经济地位低的群体接触的环境污染暴露风险更大，所承受的健康损害成本更高（Ard，2015；Schoolman & Ma，2012；Bakhtsiyarava & Nawrotzki，

2017；祁毓，2016），不仅承担着更多的医疗负担，劳动能力也会受损并降低劳动收入，陷入"污染损害健康—诱发疾病—损害劳动能力—加重经济负担并影响就业与劳动收入—陷入贫困"的"环境健康贫困陷阱"之中（祁毓、卢洪友，2015），因此，环境质量的下降将直接增加个人在医疗保健等方面的支出（卢洪友、祁毓，2013），进一步加大社会贫富差距和收入不平等。

（三）公共卫生服务对污染不平等效应的调节

由于环境污染具有明显的外部性和公害品属性，公共政策干预和规避手段能够有效减少环境污染负外部效应（祁毓，2016）。因此，环境质量恶化是否加剧不平等会受到公共服务尤其与健康息息相关的公共医疗卫生服务的影响。完善的公共卫生服务能够有效减少环境污染暴露风险和健康损害成本，政府支出在卫生总费用中所占的比例越大，越会降低卫生保健费用的分担不平等，减少居民健康状况的差异（黄潇，2012）。同样医疗卫生服务质量的提高能够显著减轻环境污染对居民健康的威胁（曲卫华、颜志军，2015）。因此，公共卫生服务支出的增加将很大程度上减轻低收入群体过重的医疗负担，从而降低污染导致的健康成本不平等和收入不平等（Wong，2016）。

综上，本文提出以下三个研究假设：

假设1：环境污染对收入不平等影响存在非线性关系，当环境污染超过一定水平之后，环境污染会加大收入不平等。

假设2：环境污染会加大个人医疗卫生支出而加大收入不平等。

假设3：环境质量恶化下公共卫生服务支出的增加能够减少污染暴露和健康损害成本，减轻居民医疗负担而降低收入不平等。

三、模型设定与变量说明

（一）模型设定

本文首先考察环境污染对收入不平等影响，根据研究假设设定基本回归方程如下：

$$\ln ii_{it} = \alpha + \beta_1 \ln ep_{it-1} + \beta_2 \ln ep^2 it-1 + \gamma X_{it} + \delta_i + \eta_t + \varepsilon_{it} \tag{1}$$

其中，ii_{it}是被解释变量，表示第i个国家在第t年的收入不平等状况，ep_{it-1}是解释变量，表示第i个国家在第$t-1$年的环境污染水平。需要说明的是，考虑到当期的环境污染水平是在当期经济发展过程中产生的，而环境污染对居民健康影响少则几天多则半年至一年，并不会立刻对收入不平等产生影响，而是存在一定的滞后期。因此，借鉴祁毓等（2015）的做法，本文将环境污染滞后一期纳入回归方程来检验环境污染对收入不平等影响。为检验环境污染与收入不平等之间是否存在非线性关系且存在阈值，本文同时将滞后一期环境污染水平的平方项纳入回归方程，β 系数方向与大小是我们关注的重点。X 表示影响收入不平等的一系列控制变量，包括人均 GDP、人均 GDP 平方、老年抚养比、技术进步、人力资本水平、对外开放程度等。此外，考虑到不同国家和地区的社会发展的差异性和不同时间的差异，同时控制了国家或地区固定效应 δ_i 和年份固定效应 η_t。

考虑到不同国家和地区之间收入不平等指标测量可能存在误差，而且一个国家或地区收入不平等受各方面因素影响，导致我们不可能将所有影响因素放入控制变量，可能存在遗漏变量，同时环境污染与收入不平等之间可能存在双向因果关系。因此，方程（1）可能存在内生性问题，有鉴于此，我们运用 GMM 估计方法克服潜在的内生性问题（陈强，2014）。相比差分 GMM 估计方法，系统 GMM 估计方法不仅能提高估计的效率，而且其包含对水平方程的估计，还可以估计不随时间变化的变量的系数（Blundell & Bond，2000；陈强，2014），我们将主要采用系统 GMM 估计方法进行检验。基于此，我们在方程（1）的基础上构建动态面板模型：

$$\ln ii_{it} = \alpha + \rho \ln ii_{t-1} + \beta_1 \ln ep_{it-1} + \beta_2 \ln ep_{it-1}^2 + \gamma X_{it} + \mu_i + \varepsilon_{it} \tag{2}$$

进一步，我们在方程（2）的基础上，在自变量中分别加入环境污染与个人医疗支出、环境污染与公共卫生支出的交互项，以此来检验环境污染是否会因个人医疗支出增加而加大收入不平等，同时检验政府提供的公共卫生服务能否降低环境污染带来的收入不平等。考虑到环境污染及其对健康影响与收入不平等影响存在的滞后性，同样借鉴祁毓等（2015）处理方法，本文对个人医疗支出与公共卫生支出也进行了滞后一期处理。

$$\ln ii_{it} = \alpha + \rho \ln ii_{it-1} + \beta_1 \ln ep_{it-1} + \beta_2 \ln ep_{it-1}^2 + \beta_3 \ln ep_{it-1} \times pri\_hce_{it-1}$$
$$+ \gamma X_{it} + \mu_t + \varepsilon_{it} \tag{3}$$

$$\ln ii_{it} = \alpha + \rho \ln ii_{it-1} + \beta_1 \ln ep_{it-1} + \beta_2 \ln ep_{it-1}^2 + \beta_3 \ln ep_{it-1} \times pub\_hce_{it-1}$$
$$+ \gamma X_{it} + \mu_i + \varepsilon_{it} \tag{4}$$

其中，pub_hce 表示公共医疗卫生，pri_hce 表示个人医疗卫生支出。

（二）变量及数据说明

1. 环境污染变量（*ep*）

与其他要素相比，大气环境的外生决定型和外溢性更强，可以在一定程度上减轻本文的内生性问题（卢洪友、祁毓，2013；Li et al.，2010），而可吸入颗粒物（PM10）浓度（微克/立方米）能综合反映存量与流量污染物对环境的影响，是反映一个国家或地区空气质量好坏的重要指标（卢洪友、祁毓，2013；范洪敏、穆怀中，2017），因此，我们选用 PM10 浓度数据作为环境污染水平的度量指标，数据来源于 WDI 数据库。此外，我们还选取了细颗粒物（PM2.5）浓度数据作为环境污染的衡量指标，以考察环境污染与收入不平等关系的稳健性，PM2.5 浓度数据来源于 OECD 数据库。

2. 收入不平等变量（*ii*）

基尼系数是衡量一个国家或地区收入不平等的重要指标。世界收入不平等 WIID 数据库整理了发达国家、发展中国家和转型国家的收入不平等数据，但该数据库中不同国家和地区收入不平等是由多种不同测算方法得到的，甚至一个国家或地区不同年份的测算方法也不一样，难以得到同一统计口径及测算方法的时序数据；而世界银行 WDI 数据库公布的国家或地区基尼系数缺失值太多。鉴于此，我们采用已经得到广泛运用的得克萨斯大学不平等项目所提供的基尼系数作为衡量收入不平等指标，同时选用其提供的工资收入不平等（*wii*）数据进一步检验环境污染与收入不平等关系的稳健性。

3. 医疗卫生支出变量

本文采用个人医疗卫生支出占 GDP 的比重表示个人医疗卫生支出指标（*pri_hce*），采用公共医疗卫生支出占 GDP 的比重表示公共医疗卫生支出指标（*pub_hce*），数据来源于 WDI 数据库。

4. 其他控制变量

（1）人均 GDP（*pgdp*）。库兹涅茨在 1955 年提出了著名的经济发展与收入不平等之间的倒"U"型假说，即随着经济发展水平不断提高，收入不平等呈现先提高后不断缩小的变化趋势，为验证库兹涅茨曲线是否存在，我们同时将人均 GDP 和人均 GDP 平方纳入回归方程。其中人均 GDP 为 2010 年不变价美元，数据来源于 WDI 数据库。（2）人口老龄化（*dr*）。人口老龄化会通过"遗赠—工资比"使得高收入群体变得更加富有，而低收入群体仍处于原先收入水平，扩大了两者收入差距，加大了收入不平等（Miyazawa，

2006）。国内学者董志强等（2012）、蓝嘉俊等（2014）实证研究发现，人口老龄化会显著拉大收入不平等。我们采用老年人口抚养比表征人口老龄化程度，数据来源于世界银行 WDI 数据库。（3）人力资本（hc）。人力资本与收入不平等之间关系是不确定的，沙帕里和达沃迪（Shahpari and Davoudi，2014）运用伊朗国家数据研究发现人力资本水平的提高有助于降低基尼系数，缩小收入不平等，然而克里门特和多梅内克（Climent and Doménech，2014）研究却发现由于教育回报率的提高、全球化和技能偏向技术进步的发展使得人力资本发展水平的提高并没有显著缩小收入不平等。考虑到受教育年限对人力资本边际贡献存在递减效应，简单采用平均受教育年限衡量人力资本容易导致不同国家和同一国家不同时期人力资本不可比（陆旸和蔡昉，2014），我们采用佩恩表所提供的综合教育回报率后人力资本指数增长率衡量人力资本水平，数据来源于 Penn World Table 9.0（佩恩表 9.0）。（4）技术进步（$ctfp$）。有偏技术进步会加大高技能劳动者与低技能劳动者工资差距而加大收入平等，但学者董直庆等（2015）研究发现中性技术进步有利于永久收入增长并减少收入不平等，而资本增进型技术进步作用方向不确定。学者们多数采用全要素生产率、发明专利数、研发投入等指标衡量技术进步水平。而美国技术水平在一定程度上可代表世界技术前沿，一个国家或地区技术水平与美国技术水平越接近，表征其技术水平越高。鉴于数据的可获得性和完备性，我们采用相对美国全要素生产率水平表征一个国家或地区的技术水平，数据来源于 Penn World Table 9.0（佩恩表 9.0）。（5）对外开放度（$open$）。对外开放水平的提高会加大技能与非技能劳动力之间的收入差距而扩大收入不平等。贝格和尼尔森（Bergh and Nilsson，2010）、黄（Wong，2016）研究发现全球化的国际贸易显著拉大了收入不平等，我们采用国际贸易进出口额来衡量一个国家或地区对外开放程度，数据来源于世界银行 WDI 数据库。

鉴于数据的可获得性与完备性，本文最终选取了阿根廷、玻利维亚、巴西、喀麦隆、哥伦比亚、哥斯达黎加、厄瓜多尔、埃及、斐济、印度尼西亚、坦桑尼亚等 36 个发展中国家，以及澳大利亚、奥地利、比利时、加拿大、德国、法国、芬兰等 29 个发达国家，共计 65 个国家和地区 1990 ~ 2008 年数据①，具体变量基本描述见表 1。

---

① 最新版 UTIP 收入不平等数据库只更新到 2008 年。

表 1   主要变量描述统计

变量	单位	最小值	最大值	平均值	标准差
ii	—	26.83	56.66	42.36	6.37
wii	—	0.003	0.43	0.04	0.04
$pm10$	微克/立方米	8.93	216.00	46.26	30.99
$pm2.5$	微克/立方米	1.14	55.00	14.99	8.58
$pgdp$	美元	318.10	110001.00	19227.00	20678.00
dr	%	4.86	41.90	13.89	7.50
hc	—	1.20	3.73	2.60	0.59
$ctfp$	—	0.16	1.62	0.71	0.25
$open$	%	13.75	455.40	84.36	67.82
pri_hce	%	0.34	8.98	2.62	1.24
pub_hce	%	0.37	10.05	4.17	2.34

四、实证检验

（一）环境污染与收入不平等

我们首先对环境污染对收入不平等影响进行了实证检验，回归估计结果见表 2。其中模型 1 和模型 2 分别为未纳入控制变量下和纳入控制变量下的固定效应估计结果，两方程均显示环境污染与收入不平等回归系数显著为负，而环境污染平方与收入不平等回归系数显著为正，初步表明环境污染与收入不平等存在"U"型关系，随着环境污染水平的不断提高，收入不平等呈现先缩小后不断加剧的变化趋势。模型 3 和模型 4 分别考察了发展中与发达国家环境污染对收入不平等影响，结果显示发展中国家和发达国家环境污染与收入不平等之间也存在"U"型关系。模型 5、模型 6 为系统 GMM 估计结果，AR（2）检验结果表明系统 GMM 不存在二阶序列自相关，Sargan 检验统计量结果也显示，模型显著接受"所有工具变量都有效"的原假设，工具变量过度识别条件通过验证，表明系统 GMM 模型设定是合理的，工具变量也是有效的。估计结果显示，环境污染与收入不平等回归系数显著为负，而环境污染平方与收入不平等回归系数显著为正，进一步表明环境污染与收入不平等存在"U"型关系。这意味着当环境污染水平尚未达到一定阈值时，环境要素投入产生的居民收入提高红利效应，降低了贫困群体比例，提高了低收入群体绝对收入，在一定程度上降低了收入不平等；而当环境污染水平达到或超过一定阈值之后，环境污染对居民健康损害效应超过居民收入提高效应，增加了低收入群体医疗负担和健康损害成本，进一步加大了收入不平等。

表2　　　　　　　　　　　环境污染与收入不平等回归估计结果

变量	模型1 FE 全部样本	模型2 FE 全部样本	模型3 FE 发展中国家	模型4 FE 发达国家	模型5 SYS-GMM 全部样本	模型6 SYS-GMM 全部样本
$L.lnii$					0.822 *** (163.0)	0.888 *** (20.17)
$lnpm10$	−0.273 *** (−5.271)	−0.287 *** (−4.777)	−0.296 *** (−3.018)	−0.391 *** (−4.558)	−0.0271 *** (−2.827)	−0.0804 * (−1.910)
$lnpm10^2$	0.0230 *** (3.545)	0.0238 *** (3.082)	0.0268 ** (2.107)	0.0344 *** (3.041)	0.00416 *** (3.387)	0.00950 * (1.787)
$lnpgdp$		0.176 ** (2.458)	−0.0515 (−0.301)	0.129 (0.624)		0.0112 (0.364)
$lnpgdp^2$		−0.0126 *** (−3.313)	0.00688 (0.637)	−0.0108 (−1.030)		−0.00182 (−1.009)
$lndr$		0.0777 *** (3.378)	−0.0794 (−1.407)	0.160 *** (6.422)		0.0137 (1.247)
$lnhc$		−0.113 * (−1.818)	0.0332 (0.324)	−0.383 *** (−3.507)		−0.0251 * (−1.663)
$lnctfp$		0.0301 ** (2.306)	0.0457 ** (2.157)	0.0204 (1.161)		0.0480 *** (7.277)
$lnopen$		0.0233 ** (2.333)	0.0328 ** (2.299)	0.0146 (1.040)		0.0180 *** (3.181)
$Constant$	4.423 *** (41.92)	3.742 *** (11.54)	4.576 *** (6.471)	4.247 *** (4.396)	0.712 *** (21.71)	0.571 ** (2.055)
$year$	YES	YES	YES	YES		

变量	模型 1	模型 2	模型 3	模型 4	模型 5	模型 6
	FE	FE	FE	FE	SYS-GMM	SYS-GMM
	全部样本	全部样本	发展中国家	发达国家	全部样本	全部样本
country	YES	YES	YES	YES		
Hausman 检验（*p*）	0.0000	0.0000	0.0000	0.0046		
R-squared	0.242	0.285	0.244	0.500		
AR（1）					0.0007	0.0011
AR（2）					0.55	0.53
Sargan Test（P）				1.00	0.50	
N	859	827	414	413	809	780

注：***、**、* 分别表示在 1%、5%、10% 水平上显著；括号内数据为 t 统计量。

鉴于固定效应 FE 模型得到的估计系数往往偏高于系统 GMM 估计方法，且系统 GMM 能够有效缓解环境污染与收入不平等之间的内生性问题（陈强，2014），我们以模型 6 系统 GMM 估计结果进行讨论。根据模型 6 环境污染与环境污染平方项回归系数大小，得到环境污染与收入不平等"U"型曲线拐点水平为 68.8，这意味着环境污染对收入不平等的影响存在阈值，当 PM10 浓度高于 69 微克/立方米时，环境污染水平不断提高会进一步加剧收入不平等。我国《环境空气质量标准》（GB3095 - 2012）中规定 PM10 年均浓度一级标准为 40 微克/立方米，二级标准为 70 微克/立方米，而世界卫生组织设定的 PM10 过渡期目标 1、目标 2、目标 3 分别为 70 微克/立方米、50 微克/立方米、30 微克/立方米。这意味着环境污染对收入不平等影响的阈值基本接近我国二级标准和世界卫生组织过渡期目标 1。因上述标准根据不同可吸入颗粒物水平下对健康损害和死亡风险的不同影响而划定的，结合本文研究结论，这同时意味着 PM10 超过一定阈值之后，对健康的损害会进一步加大收入不平等。

同时，我们发现，模型 6 中人均 GDP、人均 GDP 平方项与收入不平等虽然回归系数方向分别为正、负，但未通过显著性检验；老年抚养比与收入不平等回归系数显著为正，表明人口老龄化会显著加大收入不平等，进一步验证了董志强等（2012）、蓝嘉俊等（2014）的结论；人力资本水平的提高会显著降低收入不平等，而技术进步、对外开放度与收入不平等回归系数均显著为正，表明技术水平和对外开放度的提高均会显著加大收入不平等。

（二）稳健性检验

为检验环境污染与收入不平等关系是否稳健，我们一方面选取了得克萨斯大学不平等项目所提供的行业工资收入不平等作为收入不平等替代指标，另一方面选取 PM2.5 年均浓度作为环境污染指标，进一步考察两者关系，回归估计结果见表 3。其中模型 7 为 PM10 与行业收入不平等系统 GMM 估计结果，结果显示环境污染一次项与行业工资收入不平等回归系数显著为负，而环境污染平方项与行业工资收入不平等回归系数显著为正，表明环境污染与行业收入不平等也存在 "U" 型关系；模型 8 为 PM2.5 与收入不平等估计结果，结果也显示环境污染一次项与收入不平等回归系数显著为负，环境污染平方项与收入不平等回归系数显著为正。模型 7 和模型 8 估计结果表明环境污染与收入不平等 "U" 型关系是稳健的。根据模型 8 估计结果，得到环境污染与收入不平等 "U" 型曲线拐点水平为 28，这意味着当 PM2.5 浓度高于 28 微克/立方米时，环境污染会加剧收入不平等。我国《环境空气质量标准》（GB3095 – 2012）中规定 PM2.5 年均浓度一级标准为 15 微克/立方米，二级标准为 35 微克/立方米。世界卫生组织设定的 PM2.5 三个过渡期目标和空气质量准则值分别为 35 微克/立方米、25 微克/立方米、15 微克/立方米、10 微克/立方米。拐点基本介于一级标准和二级标准、过渡期目标 1 和目标 2 之间，同样意味着 PM2.5 超过一定阈值之后，造成的健康损害不断加大而扩大了收入不平等。

表 3   稳健性检验估计结果

变量	模型 7 SYS-GMM	模型 8 SYS-GMM
$L.wii$	0.629 *** (107)	
$L.lnii$		0.541 *** (129.6)
$lnpm10$	– 0.0157 *** （– 5.055）	
$lnpm10^2$	0.00227 *** （6.207）	

续表

变量	模型 7 SYS-GMM	模型 8 SYS-GMM
ln$pm2.5$		-0.0208^{***} (-2.668)
ln$pm2.5^2$		0.00312^{**} (2.208)
控制变量	YES	YES
Constant	-0.389^{***} (-22.56)	0.340^{***} (4.058)
AR（1）	0.0001	0.0032
AR（2）	0.8	0.6203
Sargan Test（P）	1.00	0.3936
N	791	364

注：***、**、* 分别表示在1%、5%、10%水平上显著；括号内数据为 t 统计量。

（三）环境污染、卫生支出与收入不平等

环境质量不断恶化会加大对居民健康损害而直接加大国家和个人医疗支出（卢洪友、祁毓，2013），但是环境污染加大个人层面医疗支出对收入不平等影响和环境污染加大国家层面公共医疗支出对收入不平等影响是不一样的，完善的公共卫生服务能够有效减少环境污染暴露风险和健康损害成本，政府支出在卫生总费用中所占的比例越大，越会降低卫生保健费用的分担不平等，减少居民健康状况的差异（黄潇，2012）而降低收入不平等。表4中，模型9和模型10考察了环境污染与个人层面医疗支出对收入不平等影响，实证结果发现PM10与个人医疗支出的交互项、PM2.5与个人医疗支出的交互项与收入不平等的回归系数均显著为正，表明随着个人医疗支出的增加，环境污染会不断加大收入不平等；模型11和模型12检验了环境污染、公共医疗支出对收入不平等影响，实证结果发现PM10与公共医疗支出的交互项、PM2.5与公共医疗支出的交互项与收入不平等的回归系数均显著为负，表明随着公共医疗支出的增加，环境污染并不会扩大收入不平等。上述结果表明，在环境污染不断加剧，居民健康损害和医疗负担不断提高的情况下，加大政府公共医疗卫生支出，提供均等化公共医疗卫生服务能够有效降低收入不平等。

表 4　　　　　　　　　环境污染、卫生支出与收入不平等影响估计结果

变量	个人医疗支出效应		公共医疗支出效应	
	模型 9	模型 10	模型 11	模型 12
$L.\ lnii$	0.419 *** (9.509)	0.238 *** (3.439)	0.491 *** (12.57)	0.503 *** (33.62)
$lnpm10 \times pri\_hce$	0.00344 *** (4.963)			
$lnpm2.5 \times pri\_hce$		0.00384 *** (2.973)		
$lnpm10 \times pub\_hce$			− 0.000527 *** (− 2.903)	
$lnpm2.5 \times pub\_hce$				− 0.00113 *** (− 3.117)
$lnpm10$	− 0.205 *** (− 3.470)		− 0.238 *** (− 4.485)	
$lnpm10^2$	0.0235 *** (3.016)		0.0304 *** (4.357)	
$lnpm2.5$		− 0.0230 *** (− 2.736)		− 0.0172 * (− 1.681)
$lnpm2.5^2$		0.00168 ** (2.085)		0.00289 * (1.757)
控制变量	YES	YES	YES	YES
$Constant$	1.796 *** (5.540)	1.857 *** (3.783)	1.419 *** (4.892)	0.700 *** (3.183)
AR（1）	0.0005	0.0317	0.0003	0.0044
AR（2）	0.29	0.64	0.27	0.63
Sargan Test（P）	0.41	0.19	0.28	0.46
N	525	364	525	364

注：***、**、*分别表示在1%、5%、10%水平上显著；括号内数据为 t 统计量。

五、结论与启示

本文运用 1990～2008 年 65 个国家和地区面板数据初步考察了环境污染与收入不平等关系，研究发现：（1）环境污染与收入不平等之间存在"U"型关系，PM10 表征的环境污染与收入不平等"U"型曲线拐点处水平为 69 微克/立方米，PM2.5 表征的环境污染与收入不平等"U"型曲线拐点处水平为 28 微克/立方米；（2）环境质量恶化会加大居民健康损害和医疗负担，导致个人医疗支出的增加而加大收入不平等；（3）加大政府公共医疗卫生支出能够有效降低环境污染带来的收入不平等。

收入不平等是国家和地区重点关注的议题，影响收入不平等的因素是多方面的，本文发现环境质量恶化也是加大收入不平等的一个重要因素，而其中的传导机制主要是因为社会经济地位低的群体规避环境风险的能力较低，更容易受到污染暴露风险，承受的健康损害成本和医疗负担更大。

基于此，第一，应综合考虑环境污染会损害居民健康、加大收入不平等的风险，制定社会风险层面的环境质量标准，并以法律法规形式予以确定。工业化、城市化进程快速发展以及粗放的经济增长方式是我国过去长时间以来环境质量恶化的重要原因。自 1983 年确立环境保护为我国基本国策以来，我国也出台了一系列法律法规、机制体制等政策，主要污染物排放质量标准也进行了更新，这些均在一定程度上约束了企业的污染排放行为。但是由于环境污染对居民身体健康影响因果判断与证据链确定存在诸多困难，相关环境规制标准并未考虑到环境污染对居民健康包括直接健康损害、间接健康损害的影响，以及环境污染对居民健康损害的异质性而带来的收入不平等等社会风险因素。因此，应进一步严谨系统分析环境质量恶化对居民健康、收入不平等等产生的影响，为修改完善环境质量标准提供综合全方位的理论依据与证据支持。

第二，建立"污染暴露风险监测—健康损害评估—赔偿救助"机制，对不同收入群体尤其是低收入群体受到的环境污染暴露风险进行科学监测，对其承受的人力资本损失、劳动能力下降程度和健康损害成本进行准确评估，建立健全环境损害赔偿制度，加强环境公益诉讼的宣传和应用，让造成环境污染的企业或污染事故责任者对污染受害群体进行赔偿救助。"谁污染，谁承受"的原则在当前并不符合实际。现实生活中，环境污染在地区之间空间污染转移现象逐步增加，而承受环境污染的群体更多的是低收入者，他们并没有在环境污染中扮演重要的角色，大多进行着繁重且枯燥的体力劳动，污染暴露水平比其他群体更高，严重影响其身体健康，使其在健康医疗上的开支占总家庭开支的比重越发增加，严重影响居民生活质量。加之低收入群体本身的财富积累就不多，生活水平也不高，若一味地让低收入群体遭受环境损害而不采取有效措施规避危害或应对损害，最终的结果将会是不同群体之间的收入差距不断增大，收入不平等也越来越严重，因而，对低收入群体的环境污染暴露风险监测、健康损害评估、横向补偿或纵向赔偿救济是很有必要的。同时，在建立健全环境损害赔偿制度基础上，对环境公益诉讼的宣传也是十分必要的，仅仅依靠政府建立机制不足以达到保护环境、降低不平等的目的，还需要民众环境诉讼意识的提高，使得健康损害出现时民众在有相关知识储备的基础上可以及时做出反应，维护自身权益，而不是无动于衷，以确保机制的顺利推行。让民众经受污染的侵害趋向最小化，使得经济社会的发展成果惠及全体。所以，"污染暴露风险监测—健康损害评估—赔偿救助"机制的建立是缩小因环境污染引致的收入不平等的一大保障。

第三，加大公共医疗卫生投入，促进公共服务均等化，将污染导致的常见重大疾病纳入基本医疗保障，降低低收入群体的医疗负担和健康损害成本。保障人人都能享受公共卫生资源，在医疗资源的配置上，要积极利用互联网平台，在不同社区间、医院间、城市间、国家间进行资源与信息的跨区域交流和合作，一些名院可以外派医护者对口帮扶医疗服务欠缺地的医院，提高帮扶地区的医疗服务水平，实现医疗成果共享。在医疗资源的供给上，同样可以利用大数据、云计算等互联网技术来分析社会中医疗卫生的供需数据动态变化情况，从而有针对性地提供医疗卫生服务，对症下药，减少医疗资源闲置的现象。本文分析结果表明：环境质量恶化会加大居民健康损害和医疗负担。其对低收入群体的医疗负担与健康损害是更为明显的。因而，政府可以通过在医疗卫生方面提供更多的资金支持来扩大医疗卫生服务的覆盖范围，为低收入群体的医疗健康提供保障，缩小不同收入群体间的差距。环境污染对低收入群体的危害较为严重，其所造成的一些疾病存在地域性，为此，加大公共医疗卫生投入，同时给予充分的资金支持引导学者广泛开展不同类型环境污染可能导致的重大疾病预防项目研究，在降低疾病发生率的同时，间接提高低收入群体的健康素质，使得低收入群体用于医疗健康支出减少，降低社会不平等。在后扶贫时代，更需要准确识别可能会因环境污染而降低或丧失劳动能力并陷入贫困或因环境污染致病而陷入贫困的群体，并将他们作为重点扶贫对象，提升其生活质量。另外，应制定环境污染与健康损害等应急预案，引导不同层次居民合理规避环境污染暴露及健康损害风险，将个人防御与公共干预有效结合起来。

参考文献

［1］陈强．高级计量经济学及 Stata 应用（第二版）［M］．北京：高等教育出版社，2014.

［2］董直庆，宋伟，蔡啸．技术进步方向、要素收入分配不平等和政策非对称冲击［J］．东北师大学报（哲学），2015（4）：8 - 17.

［3］董志强，魏下海，汤灿晴．人口老龄化是否加剧收入不平等？——基于中国（1996 ~ 2009）的实证研究［J］．人口研究，2012，36（5）：94 - 103.

［4］范洪敏，穆怀中．人口老龄化对环境质量的影响机制研究［J］．广东财经大学学报，2017，32（2）：41 - 52.

［5］国合会"中国环境保护与社会发展"课题组．中国环境保护与社会发展［J］．环境与可持续发展，2014，39（4）：27 - 45.

［6］黄潇．与收入相关的健康不平等扩大了吗［J］．统计研究，2012，29（6）：51 - 59.

［7］蓝嘉俊，魏下海，吴超林．人口老龄化对收入不平等的影响：拉大还是缩小？——来自跨国数据（1970 ~ 2011）的经验发现［J］．人口研究，2014，38（5）：87 - 106.

［8］李梦洁，杜威剑．空气污染对居民健康的影响及群体差异研究——基于 CFPS（2012）微观调查数据的经验分析［J］．经济评论，2018（3）：142 - 154.

［9］卢洪友，祁毓．环境质量、公共服务与国民健康——基于跨国（地区）数据的分析［J］．财经研究，2013（6）：106 - 118.

［10］陆旸，蔡昉．人口结构变化对潜在增长率的影响：中国和日本的比较［J］．世界经济，2014（1）：3 - 29.

［11］苗艳青，陈文晶．空气污染和健康需求：Grossman 模型的应用［J］．世界经济，2010（6）：140 - 158.

［12］祁毓．环境健康公平理论的内在机制与政策干预［J］．国外理论动态，2016（4）：76 - 84.

［13］祁毓，卢洪友．收入不平等、环境质量与国民健康［J］．经济管理，2013，35（9）：157 - 169.

［14］祁毓，卢洪友．污染、健康与不平等——跨越"环境健康贫困"陷阱［J］．管理世界，2015（9）：32 - 51.

［15］祁毓，卢洪友，张宁川．环境质量、健康人力资本与经济增长［J］．财贸经济，2015，36（6）：124 - 135.

［16］曲卫华，颜志军．环境污染、经济增长与医疗卫生服务对公共健康的影响分析［J］．2015（7）：166 - 174.

［17］王兵，聂欣. 经济发展的健康成本：污水排放与农村中老年健康［J］. 金融研究，2016（3）：59－73.

［18］杨继生，徐娟. 环境收益分配的不公平性及其转移机制［J］. 经济研究，2016（1）：155－167.

［19］杨继生，徐娟，吴相俊. 经济增长与环境和社会健康成本［J］. 经济研究，2013（12）：17－29.

［20］张文晓，穆怀中，范洪敏. 空气污染暴露风险的社会结构地位差异分析——基于辽宁省的实证调查［J］. 环境污染与防治，2017（4）：444－450.

［21］Ard K. Trends in exposure to industrial air toxins for different racial and socioeconomic groups：A spatial and temporal examination of environmental inequality in the U. S. from 1995 to 2004［J］. Social Science Research，2015（53）：375－390.

［22］Bakhtsiyarava M.，Nawrotzki R. J. Environmental inequality and pollution advantage among immigrants in the United States［J］. Applied Geography，2017（81）：60－69.

［23］Bergh A.，Nilsson T. Do liberalization and globalization increase income inequality？［J］. European Journal of Political Economy，2010，26（4）：488－505.

［24］Blundell R.，Bond S. GMM Estimation with persistent panel data：An application to production functions［J］. Econometric Reviews，2000，19（3）：321－340.

［25］Brooks N.，Sethi R. The distribution of pollution：Community characteristics and exposure to air toxics［J］. Journal of Environmental Economics & Management，1997，32（32）：233－250.

［26］Castelló A.，Doménech R. Human capital and income inequality：Some facts and some puzzles［J］. WP 12，2014（28）.

［27］Castelló-Climent A.，Doménech R. Human capital and income inequality：Some facts and some puzzles［Z］. BBVA Working Paper，2014，No. 12.

［28］Crowder K.，Downey L. Inter-neighborhood migration，race，and environmental hazards：Modeling micro-Level processes of environmental inequality［J］. American Journal of Sociology，2010，115（4）：1110－1149.

［29］Kuznets S. Economic growth and income inequality［J］. American Economic Review，1955，45（1）：1－28.

［30］Li Y.，Wang W.，Kan H.，et al. Air quality and outpatient visits for asthma in adults during the 2008 Summer Olympic Games in Beijing［J］. Science of the Total Environment，2010，408（5）：1226－1227.

［31］Miyazawa K. Growth and inequality：A demographic explanation［J］. Journal of Population Economics，2006，19（3）：559－578.

［32］Schoolman E. D.，Ma C. Migration，class and environmental inequality：Exposure to pollution in China's Jiangsu Province［J］. Ecological Economics，2012（75）：140－151.

[33] Shahpari G. , Davoudi P. Studying effects of human capital on income inequality in Iran [J]. Procedia-Social and Behavioral Sciences, 2014, 109 (2): 1386 – 1389.

[34] Wong M. Y. H. Globalization, spending and income inequality in Asia Pacific [J]. Journal of Comparative Asian Development, 2016, 15 (1): 1 – 18.

[35] Yang G. , Wang Y. , Zeng Y. , et al. Rapid health transition in China, 1990 – 2010: Findings from the Global Burden of Disease Study 2010 [J]. The Lancet, 2013, 381 (9882): 1987 – 2015.

政府放松产业进入管制还需要
价格调控吗？*

周小梅 李思斯 张 莹**

摘 要 2019 年，面对猪肉价格大幅上涨，部分地方政府采取相应干预政策试图控制猪肉价格上涨。政府干预能"管"住价格吗？市场机制下，价格信号引导资源配置，而市场价格涨跌变化取决于宏观货币政策和产品或服务的微观市场基础。为尊重市场规律，政府在放松产业进入管制的同时应及时落实放松价格管制政策。

关键词 价格变化 供给和需求 进入管制 价格管制 放松管制

我国 1982 年将 1977 年成立的国家物价总局改名为国家物价局，省、自治区、直辖市分别设立物价局以履行对本地产品和服务价格的调控，1993 年并入国家发展改革委。经过 40 余年的改革开放，国家发展改革委员会于 2020 年 3 月对《中央定价目录》（2015 年版）进行修订，修订后的定价项目缩减近 30%。时至今日，我国多数（超过 97%①）产品或服务市场已经形成竞争格局，竞争环境下产品或服务价格已由市场供求状况决定，仅少数（约 2%）产品或服务，由于存在自然垄断性或行政性进入壁垒，市场尚未形成有效竞争格局，其产品或服务价格仍在政府管制范围内。近年来，政府推进"放管服"改革，面对不断开放的市场环境，地方各级政府开始对物价部门进行改

---

* 国家自然科学基金应急管理项目"医改背景下医疗服务供给主体声誉机制的形成及优化研究"（批准号 71840012）。

** 周小梅，浙江工商大学经济学院教授；李思斯、张莹，浙江工商大学经济学院硕士研究生。

① 国家发展改革委颁布新版《中央定价目录》[EB/OL]. 中华人民共和国国家发展和改革委员会，2020 - 03 - 16，https：//www. ndrc. gov. cn/xwdt/xwfb/202003/t20200316_1223378. html.

革，撤销物价局，物价局原有的价格管制职能划归各级发改委。① 然而，面对已经形成竞争格局的市场，一旦产品或服务价格有较大幅度涨跌，各级政府迫于舆论压力则会采取不同形式的价格调控政策。2019 年 9 月，我国猪肉价格飙升引起社会各界广泛关注。据相关媒体报道，部分地区政府拟采取限价和限购等政策控制猪肉价格上涨。

回顾我国改革开放历程，始终围绕放松产业进入管制和价格管制展开，本文基于价格对资源配置引导作用的经济学基本理论，分析市场价格涨跌变化的宏观货币政策和微观市场基础，并进一步分析多年来政府实施价格管制政策的效果，最后探讨政府放松产业进入管制和放松价格管制的关系，提出价格管制改革方向。

一、市场价格信号对资源配置的引导作用

市场经济中通过价格机制实现资源有效配置。价格机制是指在市场竞争过程中，供给与需求相互联系、相互作用之下形成的市场价格及其运行机制。价格机制包括价格形成机制及调节机制。价格机制是市场机制中最敏感且有效的调节机制，价格变动对经济活动起决定性作用。这是因为，价格是商品供求变化的信号，可及时反映商品稀缺程度，是人们从事生产经营活动最基本的激励因素。

一方面，商品价格变动会引起商品供求关系变化。在市场上，价格可直接向生产经营企业传递供求信息，企业根据价格信号组织生产。如果价格上升，企业则增加产品或服务供给；而如果价格下降，企业则减少生产和消除多余存货。与此同时，价格可向消费者传递相应信息，消费者根据价格高低调整商品消费组合。如果市场上某种商品价格过高，消费者则少买或不买此商品，或者购买其他商品替代此商品；而如果价格下降，消费者则多买此商品，或者购买此商品替代其他商品。另一方面，供求关系的变化反过来引起商品价格的变动。也就是说，在供给方和需求方买卖过程中，供求双方力量的角逐最终决定价格涨跌。商品价格是市场经济的关键信息，价格变动情况是市场经济运行的晴雨表。

显然，价格是市场中的经济活动主体相互传递信息的方式，不论是商品

---

① 地方简政放权大整合 物价局并入发改委［EB/OL］. 21 世纪经济报道，2014 - 08 - 14, https://m. 21jingji. com/article/20140814/81a246fe33f73087fda1ed38c94fafbb. html.

的供给方还是需求方，其决策都以价格信号为依据。诚然，鉴于经济行为主体决策的独立性和分散性，如何让市场中供求数量能够相互匹配，价格就成为引导每一个经济行为主体决策的重要信号。

二、商品价格涨跌变化的传导机制：
宏观货币政策和微观市场基础

市场经济中，产品或服务价格涨跌变化主要取决于宏观货币政策和微观市场基础。

（一）政府宏观货币政策对产品和服务价格的影响

政府宏观货币政策主要通过调节货币供给量和利率水平以达到影响消费和投资水平，继而实现经济增长的目的。而政府在制定货币政策过程中，货币量供给的变化必然影响国家整体物价水平。

货币供给量是一国在一定时点上的货币存量，包括中央银行在内的金融机构供应的存款货币和现金货币。货币在一定范围内流动，根据流动性大小将货币供应量分为 M_0、M_1 和 M_2。中央银行采取不同货币政策直接影响 M_0、M_1 和 M_2，继而影响货币供应量。货币供给量通过财富效应、信贷渠道直接影响利率、消费、投资等经济变量，从而导致物价水平的变化和消费者价格指数（CPI）的波动（史贞，2013）。

根据货币供给量（见图1）和 CPI（见图2）多年来的变化可见，与货币供给量变化相比，尽管 CPI 变化相对滞后，但 CPI 与货币供给量间存在正相关性，即货币供给量增加，CPI 上涨。为了验证 CPI 与货币供给量之间的关系，本文以我国 2000~2020 年 CPI 与货币供给量年度增长率数据为样本进行

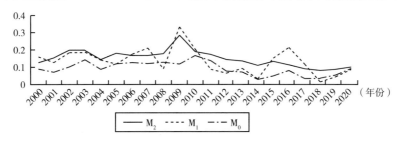

图1 2000~2020 年 M_0、M_1、M_2 增长率

资料来源：中国人民银行调查统计司. 2000~2020 年统计数据 ［EB/OL］. http：//www. pbc. gov. cn/diaochatongjisi/116219/116319/index. html.

分析。由于货币供应量 M_1 是狭义货币量，是中央银行重点调控对象，故选取 M_1 作为研究对象，对 CPI 与 M_1 间的关系进行线性回归分析。

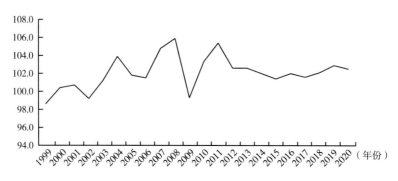

图 2　1999～2020 年 CPI 的变化

资料来源：国家统计局. 中国统计年鉴 2020［M］. 北京：中国统计出版社，2020.

对 CPI 增长率与 M_1 增长率分别取对数，进行回归分析如表 1 所示。

表 1　　　　　　　　　　　　　　M_1 影响 CPI 的回归结果

变量	回归系数	估计标准误差	t 值	p 值	95% 置信区间
lnM_1	0.513	0.297	1.72	0.119	［-0.160，1.186］
Constant	-0.956	0.746	-1.28	0.232	［-2.644，0.733］

相关统计量

Mean dependent var	0.266	SD dependent var	0.847
R-squared	0.248	Number of obs	11.000
F-test	2.970	Prob > F	0.119
Akaike crit.（AIC）	27.373	Bayesian crit.（BIC）	28.169

$$lnCPI = -0.956 + 0.513lnM_1 \quad (R^2 = 0.25 \quad T = 1.72 \quad P = 0.12)$$

由此可说明，在其他条件不变的情况下，狭义货币量 M_1 增加 100%，消费者价格指数 CPI 会提高 51.3%。

根据费雪公式可知，在长期中 PQ = MV，即价格（P）与产出数量（Q）的乘积等于货币供应量（M）和货币流通速度（V）的乘积。如果产出数量和货币流通速度保持不变，物价水平和货币供应量也呈正相关关系。这是因为，当货币供给增加时，货币幻觉的财富效应让人们购买欲望增强，而食品、服装和家电等这些产品的菜单成本相对较低，价格通常根据市场需求增加而上涨，从而推动 CPI 上涨。但 CPI 并不与货币供给同时增长，因为货币政策对 CPI 的影响具有滞后性。由于货币供给增加对 CPI 的影响主要通过消费者增加商品购买实现，而货币供给量增加之初，消费者购买力变化并不会立刻反映出来，而是通过各种途径最终提高消费者消费水平。而烟酒、医疗保健、交通和通信价格调整一般相对较慢，即这类产品和服务价格不会随着人们消费水平提高而迅速上涨。因此，CPI 上涨与货币供给量增加并非完全同步。反之，如果货币供给量减少，则 CPI 会下降。也就是说，一定时期，我国物价水平变化与政府实施的宏观货币政策密不可分。

（二）微观市场供求关系对产品和服务价格的影响

在宏观经济环境一定情况下，国内产品和服务价格会有结构性涨跌。这就取决于特定产品和服务市场的供求关系。

经过 40 余年改革开放，我国政府对绝大部分产业放松了进入管制。在市场竞争环境下，产品或服务价格均由市场供求关系决定。尽管价格机制可有效调整市场供求关系，但现实中由于部分商品供给对价格涨跌反应存在时滞，这导致市场短期内出现"供不应求"或"供过于求"的"失灵"现象。

以猪肉市场为例，猪肉价格基本由市场供求关系决定，但由于价格信号在产业链各环节间的传导渠道不畅，一定程度上传导存在时滞，这就导致当猪肉价格上涨时，产业链上游倾向于增加供给，而下一期则又出现价格下跌；相反，猪肉价格下跌时，产业链上游倾向于减少供给，而下一期则又出现价格上涨。这就是猪肉价格的"大小年"怪圈。另外，我国生猪规模化养殖程度较低，猪肉产业链各环节的组织性较为松散，虽然很多地方政府和企业尝试通过设立养殖基地、签订收购合同等方式建立畅通的猪肉供应渠道或网络，但现阶段猪肉产业链上各环节利益主体间的合作很不稳定，这种现状让一部分屠宰企业的猪源供给稳定性弱且易受市场波动的影响，在一定程度上加大了猪肉价格涨跌幅度。

图 3 是我国 2000 年至 2020 年 9 月去皮带骨猪肉价格走势。分析发现，2019 年 9 月猪肉价格涨幅较大的主要原因：一是受生猪产业疫情的影响；二是生猪养殖场建设标准的提高。据农业农村部监测，2020 年 10 月中旬到 12 月中旬，生猪及猪肉价格同比下降，但总体价格还是高位运行。2020 年 12 月以来，在猪肉消费旺季的拉动下，猪肉价格有所上升，但截至 2020 年底，生猪存栏恢复已超过预期，随着新增的生猪产能陆续兑现为猪肉产量，再加上中央和地方储备肉的投放，2021 年春节前的猪肉价格小幅低于 2020 年同期价

格水平。从猪肉价格涨跌趋势看，根本上还是由市场供求关系决定，市场价格信号引导下供求会进行必要的调整。

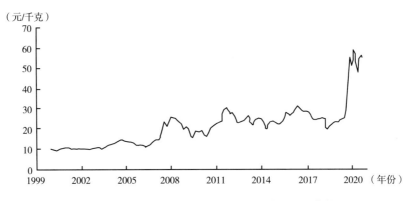

图3　2000年至2020年9月去皮带骨猪肉价格走势

资料来源：中国畜牧业信息网，http：//www.caaa.cn/market/zs/article.php? zsid=3.

　　通常情况下，政府不会对商品价格进行直接干预。然而，在部分产品和服务价格涨跌幅度较大时，政府不同程度存在"矫正"市场"失灵"的倾向。市场短期的"失灵"是市场"自愈"？还是被政府干预（上限或下限价格管制等）"治愈"？这是值得深入探讨的问题。

三、政府价格管制政策及其效果

（一）政府价格管制政策

　　政府价格管制有直接价格管制和间接价格管制之分。前者是政府直接限制拥有定价权的垄断企业的定价行为，后者则是政府为市场价格机制的作用创造有效的运作环境（戴歌新，2003）。本文研究的价格管制主要指政府直接价格管制。

　　我国在计划经济体制下几乎所有商品都由政府定价。政府定价的基本原则是模拟市场，但这种定价方式很难及时反映市场供求客观的变化。多年来的价格管制体制改革就是要改变政府定价方式，实行由市场供求决定价格为主的价格形成机制。我国经济体制改革的渐进性也反映在政府价格管制体制改革方面。首先是政府放松竞争性产业价格管制，然后再扩大至电信业、航空运输业和铁路运输业等自然垄断产业。政府对于价格管制改革的方向是明确的，即只要产业具备了有效竞争环境，则放松价格管制。

2015 年 10 月 12 日，新华社受权播发的《中共中央国务院关于推进价格机制改革的若干意见》提出，到 2017 年，竞争性领域和环节价格基本放开，政府定价范围主要限定在重要公用事业、公益性服务、网络型自然垄断环节。到 2020 年，市场决定价格机制基本完善，科学、规范、透明的价格监管制度和反垄断执法体系基本建立，价格调控机制基本健全。在此文件指导下，国家发改委于 2021 年 5 月 18 日印发了《国家发展改革委关于"十四五"时期深化价格机制改革行动方案的通知》，进一步提出到 2025 年，竞争性领域和环节价格主要由市场决定，网络型自然垄断环节科学定价机制全面确立，能源资源价格形成机制进一步完善，重要民生商品价格调控机制更加健全，公共服务价格政策基本完善，适应高质量发展要求的价格政策体系基本建立。

尽管政府明确了价格管制体制改革方向，但对于部分具有竞争性的领域，目前政府仍采取不同方式的价格管制政策。政府价格管制效果如何？这是政府实施价格管制等干预政策时必须面对的问题。

（二）政府价格管制效果

根据前文分析，产品和服务价格取决于政府宏观货币政策和微观市场供求关系。如果政府实施价格管制政策试图控制产品和服务价格，其结果通常是事与愿违。本文通过选择比较有代表性的民航业的"禁折令"、医疗服务价格管制政策、猪肉价格干预政策等分析这些年来政府价格管制效果。

1. 民航业"禁折令"的"失灵"

1998 年，政府放松民航业进入管制，民航市场由垄断向竞争转变，竞争环境下，各航空公司间展开价格战。在此背景下，中国民航在连续 20 多年盈利后首次出现全行业亏损，民航总局则把主要原因归于航空公司间的价格战。为让民航业"扭亏为盈"，1999 年初，国家计委和中国民航总局联合发布《关于加强民航国内航线票价管理，制止低价竞销行为的通知》，明确规定：国内航线票价除团体、教师、学生和残疾军人按国家规定给予优惠外，其他乘客一律执行现行公布票价，航空公司不得擅自降低票价，不得以任何名义进行折扣销售。然而，航空公司对政府价格下限管制并不买账，"禁折令"在 1999 年初公布后不久，各地机票代售点就开始暗中销售打折机票，并逐步公开化。为此民航总局除加大控制外，还尝试调整"禁折"政策，即从 2000 年 4 月起选择国内 102 条航线实行"航线联营"，对所有联营航线统一实行最低 8 折票价，这一调整涉及国内 25 家航空公司，并于 2001 年 3 月将联营航线增至 150 条，占全国民航航线总量 60% 以上。① 航线联营政策的实施也未达到预期效果，各航空公司为争夺更多顾客，纷纷进行违规打折，明禁暗折现象盛行（康自平、杜伟，2001），这说明在竞争市场环境下，政府干预价格违背市场运行的基本规律，会导致市场低效率发展。2002 年 11 月，中国民航总局取消航线联营，机票告别统一定价。面对"禁折令"的"失灵"，2003 年 4 月，有关部门起草《民航国内航空运输价格改革方案》，提出实施政府指导价，以基准价和浮动幅度对国内航空运价进行间接管理。该方案允许各航空公司在售票时以基准价为基础，在上浮不超过 25%、下浮不超过 40% 的范围内进行定价，并在特定情况下航空公司可自由定价。同年 7 月，民航国内航空运输价格改革方案听证会召开。2013 年 10 月，中国民用航空局和国家发改委发布《关于完善民航国内航空旅客运输价格政策有关问题的通知》，取消票价下浮限制，允许各航空公司以基准价为基础，上浮不多于 25%、下浮不限的范围内定价，并将部分航线票价改为市场调节价（景崇毅、孙宏和曾文水，2008）。2016 年，《关于深化民航国内航空旅客运输票价改革有关问题的通知》出台，深化对民航票价的改革，进一步发挥市场的决定性作用，扩大市场调节票价的航线范围。政府对民航机票价格管制政策的演变表明：有关管理部门在意识到先前出台的价格管制政策效果欠佳，也逐步放松了对机票价格的管制，开始承认市场机制在民航业资源配置的基础性地位。

　　2. "此消彼长"的医疗费用支出让价格管制"失效"

　　我们还可通过近年政府调整医疗服务价格管制政策分析管制的"失效"。在人们收入水平提高以及整个国家步入老龄化社会等因素影响下，我国医疗费用支出增长趋势不减。面临不断加大的医保支出压力，政府不断出台控制医疗费用支出政策。1978～2019 年，我国卫生总费用占 GDP 比例由 3% 提升至 6.64%。② 多年来，医院门诊人均费用总体呈上升趋势（见图 4），可以看出，门诊人均费用包括药品费用和检查费用两大部分。在"药品加成"政策下，我国医院收入主要来源于药品价格加成收入，医院通过"大处方"等手段来扩大收入（古新功，2014）。为控制药品费用支出，近年来政府一方面实施药品零加成政策，另一方面对药费占比进行限制，但医疗服务市场供不应求的矛盾让医疗费用仍然不断上涨。尽管政府通过"药占比"控制了药品费

---

① 江淮晨报. 民航总局取消国内航线联营 机票有望告别统一价 ［EB/OL］. 2002 - 11 - 20，http：// news. sohu. com/74/80/news204458074. shtml.

② 国家统计局. 中国统计年鉴 2020 ［M］，北京：中国统计出版社，2020.

用支出,但检查费在整个医疗支出中所占比例却逐年升高。这也反映出医院在无法通过药品加成这个渠道获得收入之后,又通过加大检查费用从另一个渠道来获得收入。

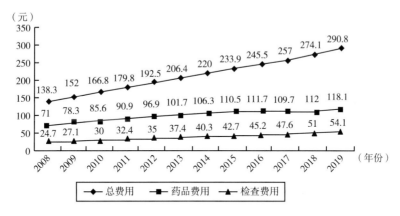

图4 2008~2019年门诊人均费用

资料来源:中国经济社会统计发展数据库,2008~2019年《中国卫生健康统计年鉴》。

政府对医疗服务实施价格管制最大的问题是很难及时反映市场供求关系。医疗服务项目最高收费标准一旦确定下来,未经主管部门批准,不得随意调整,一般几年内不会发生变动,收费标准调整时间跨度通常是5~6年,甚至更长时间。[①] 然而,随着时间的推移,医疗服务投入品价格以及其他投入要素的成本随着通货膨胀因素越来越高,但由于管制过程的烦琐与调整的滞后性,医疗服务收费标准增长速度远落后于总体物价水平增长速度,导致医疗服务价格在扣除通货膨胀因素之后实际上是一直下降的,最终导致管制价格不能补偿医疗服务成本,严重影响医院正常运营(朱恒鹏,2011)。也就是说,医疗服务价格管制未能有效地控制医疗服务支付的增长,而且由于被管制的价格不能反映总体物价水平变化以及医疗服务市场的供求关系,让价格机制失去了引导医疗资源有效配置的功能。

3. 政府干预措施难以起到"平抑"猪肉价格的作用

观察多年来政府为平抑猪肉价格变动所采取的一系列干预政策发现,相应干预政策不仅没有起到"平抑"作用,反而加大猪肉价格波动。政府出台应对猪肉价格大幅波动的政策通常是在价格走高时给予财政补贴政策以激励生猪养殖户增加供应量,在价格探底时采用猪肉收购储备政策以消化过多供

[①] 根据国家发展改革委发布文件,2000年以来,《全国医疗服务价格项目规范》正式发布仅3版,即2001版本、2007版本、2012版本。

给。从政府政策实施效果看，很难达到平抑猪肉价格波动的目的，反而有可能加剧猪肉价格波动。这是因为，一方面，猪肉价格大幅上升已向市场传递信息，激励猪肉产业链上各环节猪肉供应商增加供给，而此时政府财政给予相应的补贴激励。在市场价格和政府补贴"双重"激励下，猪肉供给在下期则会大幅增加，最终导致猪肉市场供过于求，继而猪肉价格则出现深度下跌。另一方面，在猪肉价格跌幅较大情况下，由于猪肉收储量占消费总量比重较低，很难从根本上改变猪肉市场的供求关系，也就无法达到平抑猪肉价格波动的目的（盘和林，2016）。与此同时，政府收储行为一定程度上会误导猪肉产业链上供应商对市场价格变化作出反应。

通过分析典型产业价格管制效果发现，保护产业发展和消费者利益是政府价格管制的理由，但由于政府管制下的价格很难完全及时地反映市场供求关系，最终导致不同程度的管制"失灵"。

四、从政府放松产业进入管制到放松价格管制

在自由进入的市场中，在位企业不仅面对业内企业的直接竞争，还要面临行业外潜在进入者的竞争。在潜在进入者的竞争压力下，产品或服务价格由市场供求关系决定，企业不具备操纵价格的能力。因此，政府放松产业进入管制是平抑价格水平最有效的政策措施。

改革开放 40 余年来，我国逐渐实现从高度集中的计划经济体制向市场经济体制的转型。在计划经济体制下，我国价格管理体制也是以高度集中的计划性为基本特征，即中央政府物价部门对商品或服务实行政府定价，各级地方政府物价部门则成为具体执行者。在不断推进改革过程中，我国政府对于大部分产业已实施放松进入管制政策，垄断性产业转化为竞争性产业。竞争的引入为充分发挥市场价格机制提供了条件。在此背景下，我国许多商品和服务价格也逐步从政府定价改为政府指导价，再由政府指导价改为市场定价，实现了从价格管制到放松价格管制的转变。

本文仍以民航业、医疗服务业和生猪养殖业为例，分析政府放松产业进入管制后落实放松价格管制政策的必要性。

（一）民航业已形成竞争格局，但仍有待进一步向民间资本开放

回顾我国民航业的改革历程发现，"禁折令"的"失灵"正是因为当时民航业在不断放松产业进入管制，产业环境已由原先国有航空公司的独家垄

断逐步向竞争转变，民航机票价格竞争则成为航空公司间最直接的竞争策略（方敏，2008）。截至2019年12月底，我国航空运输企业达62家，其中国有控股公司达48家，而民营和民营控股公司14家。放松进入管制背景下，民航业获得正常盈利。例如，2019年全行业累计实现营业收入10624.9亿元，比上年增长5.0%；利润总额541.3亿元，比上年增加57.6亿元。[①] 然而，尽管我国民航业竞争格局已经形成，但仍有待进一步向民间资本开放。如图5所示，根据《2019年民航行业发展统计公报》数据显示，四大国有控股航空公司运输总周转量超84.9%，民营和民营控股的航空公司的市场份额远低于国有控股公司。由此可见，放松进入管制促使市场供给增加，让航空市场更具有竞争活力，这是深化民航业改革的必然选择。

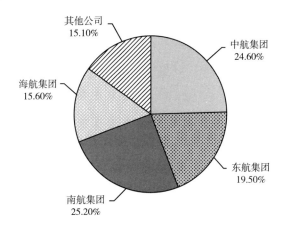

图5 2019年各航空（集团）公司运输总周转量比重

资料来源：2019年民航行业发展统计公报［EB/OL］. 中国民用航空局，2020 – 06 – 07，http://www.ccaonline.cn/zhengfu/zftop/590599.html.

（二）民营医院进入医疗服务业势头不减，但竞争力有待提升

我国医疗服务业能否有效地缓解"看病难、看病贵"问题很大程度上取决于政府能否进一步放松产业进入管制和价格管制。近年来，我国政府颁布鼓励民间资本进入医疗服务领域的政策，民营医院已经有了较好的发展势头。截至2020年10月底，我国医院有3.5万个，其中公立医院1.2万个，民营医院2.3万个。从数量上看，民营医院已远超公立医院，但截至2020年10月，

---

① 2019年民航行业发展统计公报［EB/OL］. 中国民用航空局，2020 – 06 – 07，http://www.ccaonline.cn/zhengfu/zftop/590599.html.

全国医院诊疗人数达到 26.6 亿人次，其中，公立医院 22.4 亿人次，民营医院 4.2 亿人次，民营医院仅占 19% 左右。①尽管民营医院所占市场份额较低，但从趋势看，对公立医院已构成一定的竞争压力。诚然，为促进医疗服务市场的竞争，政府应给予民营医院与公立医院同样的政策，鼓励医院间展开公平有序的竞争。鉴于此，政府应进一步放松医疗服务业进入管制（周小梅、明小琼，2019）。在开放的市场环境下，医疗服务供给主体间的竞争主要表现在，一方面努力提高医疗服务质量，另一方面在提高效率的前提下把医疗服务价格定在有竞争优势的水平。显然，竞争约束下"看病难、看病贵"问题将会迎刃而解。

（三）开放的生猪养殖业有待土地使用等制度改革促进规模化经营

改革开放初期，我国对农业生产经营（或养殖）活动就开始实施开放政策②，伴随农产品（如猪肉等）市场的开放，其价格也逐渐从政府统一定价向市场调节价转变。然而，考虑到农产品生产经营的特殊性，在其价格出现较大涨跌幅度情况下，政府会以财政补贴、收储等方式间接影响农产品价格。由于我国大量小规模生产经营者（或养殖户）对市场价格或产量等信息的获取有限，导致生产经营者对市场供求关系较难做出及时准确的判断，这在一定程度上造成农产品（或猪肉等）价格波动幅度较大。因此，为平抑农产品（或猪肉等）价格，政府应深化农村土地使用等制度改革，鼓励农民走规模化生产经营（或养殖）道路，规模化经营可提高养殖户对市场供求信息的获取能力，精准信息的获取可降低养殖户调整生猪养殖数量的盲目性，且大规模的生产经营者可借助期货市场规避价格过大波动产生的风险。因此，规模化生产经营不仅可降低农民生产经营（或养殖）的风险，也可对平抑农产品（或猪肉等）价格起到很好的作用。

在 20 世纪 80 年代中期，我国开始逐步在不同商品市场推进放松价格管制改革，短期内引起部分商品价格急速上升。然而，在政府不断放松产业进入管制背景下，随着供给的增加，商品价格逐步平稳下来（如生活用品、汽车等）。事实证明，为从根本上控制价格上涨，最有效的措施就是放松产业进入管制，生产经营企业彼此间的竞争是制约价格上升最有效的政策。

---

① 中华人民共和国国家卫生健康委员会统计信息中心 . 2020 年 10 月全国医疗服务情况［EB/OL］. http：//www. nhc. gov. cn/mohwsbwstjxxzx/s7967/202012/36cdc5cc143148dd8d61303c6c1d4b35. shtml.

② 近年出于环境保护的考虑政府一定程度上提高了生猪养殖业进入门槛。

五、结　论

2020 年 5 月，中共中央、国务院印发《关于新时代加快完善社会主义市场经济体制的意见》（以下简称《意见》）。《意见》指出，要尊重市场经济一般规律，最大限度减少政府对市场资源的直接配置和对微观经济活动直接干预，充分发挥市场在资源配置中的决定性作用。营造支持非公有制经济高质量发展的制度环境。健全支持民营经济、外商投资企业发展的市场、政策、法治和社会环境；要破除制约市场竞争的各类障碍和隐性壁垒，营造各种所有制主体依法平等使用资源要素、公开公平公正参与竞争、同等受到法律保护的市场环境；要推进要素价格市场化改革，健全主要由市场决定价格的机制，最大限度减少政府对价格形成的不当干预。《意见》强调"充分发挥市场在资源配置中的决定性作用"，一方面是对我国改革开放经济成就的肯定，另一方面也是对深化经济体制改革的要求。

我国 40 余年改革开放，政府在对大部分产业实施放松进入管制的同时，价格形成机制也相应地从政府定价到政府指导价，再到市场调节价，逐步放松各类产品和服务价格管制。政府对价格调控政策的调整是对市场规律的尊重，也是促进产业发展或保护消费者利益的良策。

在放松进入管制和价格调控的同时，政府还须完善发展市场经济监督制度和机制，加强生产安全、生命安全和食品安全等社会性管制。这是因为，放松进入管制能够提高产业供给能力，但大量民营企业（机构）进入的同时也提高了质量监管难度。为保障和改善产品或服务质量，政府监管部门应加强产品或服务质量的事中和事后监管，推动社会主义市场经济健康发展。

参考文献

[1] 戴歌新. 论市场化进程中的价格管制 [J]. 社会科学研究, 2003 (5): 40 - 42.

[2] 方敏. 论中国航空运输业放松进入管制 [J]. 综合运输, 2008 (8): 57 - 62.

[3] 古新功. 中国药品价格管制现状及对策思考 [J]. 湖北社会科学, 2014 (8): 11 - 18.

[4] 景崇毅, 孙宏, 曾文水. 机票价格管制问题的博弈分析及解释 [J]. 中国软科学, 2008 (3): 140 - 147.

[5] 康自平, 杜伟. 关于取消我国民航机票价格管制的思考 [J]. 价格月刊, 2001 (10): 3 - 4.

［6］盘和林.蔬菜价格上涨慎用"价格管制"［N］.上海金融报，2016 – 07 – 12（B02）.

［7］史贞.中国货币政策对物价水平的影响路径研究［J］.经济问题探索，2013（12）：7 – 11.

［8］周小梅，明小琼.医疗费用控制模式：从政府管制向引入市场竞争的转变［J］.价格理论与实践，2019（3）：16 – 20，175.

［9］朱恒鹏.管制的内生性及其后果：以医药价格管制为例［J］.世界经济，2011（7）：64 – 90.

厂网一体化特许经营项目的
合约经济学分析

——以 BP 集团安庆污水处理项目为例[*]

冯中越[**]

摘　要　从本质上看，任何一个厂网一体化的特许经营项目，都涉及一个合约问题。本文从合约经济学的视角，结合 BP 集团安庆项目案例涉及的原有项目的处置、存量资产的调整、增量设施的定价和特许经营项目的竞标等问题，提炼和探讨厂网一体化特许经营项目中的承诺与再谈判、资产转移、包含技术进步的资产定价和赢者诅咒四个科学问题。在此基础上，有针对性地提出：签订特许经营项目合约时，应设计对于不确定风险的再谈判的条款或机制；如果潜在进入者中标并不拥有该资产且有较低的运营成本，那么它将试图向上期在位企业购买该项资产；将在位企业技术进步的人力资本投资分为可完全转移与可部分转移两种情况进行权衡，决定倾向在位者还是潜在进入者的定价；允许中标企业作为总承包商与分承包商进行再谈判，调整价格等相应的解决思路。

关键词　厂网一体化　特许经营项目　污水处理　合约经济学

一、引　　言

国务院《关于创新重点领域投融资机制鼓励社会投资的指导意见》中提出：要推进市政基础设施投资运营市场化，鼓励打破以项目为单位的分散运

　＊　本文是国家社科基金后期资助项目"发展、转型与规制"（项目编号：16FJY001）的阶段性成果。
＊＊　冯中越，北京工商大学经济学院教授。

营模式，实行规模化经营，降低建设和运营成本，提高投资效益。鼓励实行城乡供水一体化、厂网一体化投资和运营。

近年来，全国各地在推进市政基础设施特别是水务行业投资运营市场化及特许经营项目中，改变了过去以项目为单位的分散运营模式，逐步实行了厂网一体化的投资运营新模式。国内外的理论与实践证明，实行厂网一体化特许经营项目的原因在于：一是厂网一体化的经济技术特征；二是厂网一体化能够实现规模经济；三是厂网一体化有利于城市或行业建设的中远期规划。

2015 年 12 月，安庆市政府与 BP 集团签署污水处理厂网一体化特许经营项目协议。该项目在划定的 180 平方公里规划区范围内，对在建三个污水处理厂、已建的污水管网、未来新增污水处理能力和新增污水管网采取特许经营模式。该项目是国家财政部 30 个示范项目之一，安庆市政府指定的政府方出资代表（占股 10%）与中标方合资设立项目公司，合作期限 30 年。项目公司拥有特许经营权，负责本项目投资、建设、运营，并向市政府收取污水处理服务费、管网可用性服务费和管网运维绩效服务费。

安庆污水收集处理厂网一体化特许经营项目主要面临四个问题：一是如何对已有移交 – 经营 – 移交模式（TOT）/建设 – 经营 – 转让模式（BOT）项目进行处置；二是如何对存量资产进行调整；三是如何对增量设施进行定价；四是如何对厂网一体化特许经营项目进行竞标。这四个问题不仅仅是个案，而是所有厂网一体化特许经营项目中普遍存在的共性问题，值得深入探索。

目前，国内的相关研究主要集中在两个方面：一是关于水务行业特许经营采用特许经营模式的研究。例如，宋健民等（2021）从多方联动的视角，构建系统动力学的收益优化模型对污水处理政府和社会资本合作（PPP）项目的收益进行优化仿真；邱安民（2016）以南昌市为例分析探索了 PPP 模式引入城市水污染治理的可行性；章雯（2016）比较分析了排水领域 PPP 的不同经营模式；孟庆军和可名芸（2016）综合运用优化的波特钻石模型、层次分析法和多目标决策分析方法（TOPSIS）分析 PPP 模式中面临的问题，并提出完善法律、转变政府职能、加大投资、提高企业竞争力等一系列建议。二是关于城市水务行业特许经营项目的投融资、价格、风险和效率的研究。例如，张苗苗（2015）综合运用文献分析、系统分析和层次分析的方法，研究了 PPP 融资模式下污水处理项目的补贴机制；张玉春和曹业启（2016）利用二部制定价思想研究了 PPP 模式下污水处理项目的定价问题，努力在保障社会资本方合理获利的同时充分保证消费者利益，实现社会利益最大化，体现政府职能；刘穷志和芦越（2016）以中国的水务基础设施 PPP 项目为例，研究了制度质量、经济环境对 PPP 项目的效率问题，并提出了相应的政策建议。与本文最相近的一篇文献是秦颖、姜军、鞠磊和左卓敏（2015）发表的《基于特许经营模式的城市水业厂网一体化的经济学分析》一文，作者用公共物品理论、外部性理论、产权理论，分析了特许经营模式的城市水业厂网一体化问题。这些研究虽然从不同角度关注和分析了特许经营模式的可行性，但大部分研究关注点较为分散，对污水处理行业特许经营模式运营各环节中可能遇到的问题研究缺乏系统性。其实，特许经营模式的本质是合约问题，对原有项目的处置、存量资产的调整、增量设施的定价和特许经营项目的竞标等问题是合约问题的关键，因此从合约经济的视角研究特许经营问题是促进该模式健康发展的关键。但截至目前，尚未发现基于合约经济的视角对厂网一体化特许经营模式下上述关键科学问题进行系统研究的相关研究成果。

从本质上看，任何一个厂网一体化的特许经营项目，都涉及一个合约①问题。因此，本文在前人研究文献的基础上，从合约经济学②的视角，结合 BP 安庆项目案例，深入探讨厂网一体化特许经营项目的四个科学问题。

二、基于承诺与再谈判的已有项目处置问题

在 BP 安庆项目案例中，如何对已有 TOT/BOT 项目进行处置有三种备选方案：提前终止、吸收、切割。提前终止是指提前终止现有特许经营项目方案。它涉及政府信用、接管可行性、提前终止补偿、项目进度控制等方面因素。其难点是它属于重大事项，再谈判、审批及项目移交等均耗费时间，严重影响新特许经营项目的推进计划。吸收是指将现有特许经营项目吸收进厂网一体化新项目范围的方案。它有两种吸收方式：一是合作吸收，即存量特许经营项目的投资运营商以其持有的存量特许经营项目公司股权向厂网一体化项目公司增资，进而实现对存量特许经营项目的吸收；二是退出吸收，厂网一体化项目公司向现有投资运营商收购存量特许经营项目公司股权，将其吸收入厂网一体化项目公司名下。二者的共同点是能够保证政府信用（承

---

① 合约也称契约、合同。从经济学角度看，有两个重要的合约。一是完全合约，是指双方都能完全预见合约期内可能发生的重要情况，愿意遵守双方所签订的合约条款，当双方对合约条款产生争议时，第三方如法院能够强制其执行；二是激励性合约，是指委托人运用一种激励机制以诱使代理人按照委托人的意愿行动，在实现委托人意愿的同时，代理人也能够获得相应的回报的一种合约。

② 合约经济学也称合约理论，是以合约为核心，以博弈论为方法，研究信息、激励和制度设计的理论。

诺），区别在于前者保证了存量项目投资运营商的利益但后期运营协调难度
大，后者无运营协调问题。它的难点是再谈判（议价）难度大，收购成本
（价格）高。切割是指存量项目不纳入新的厂网一体化项目，由厂网一体化项
目公司负责向其提供进水（待处理污水）的方案。它充分保护了存量项目投
资运营商的利益，且不会损害政府信用。它的难点是特许经营项目主体多元
复杂化，且在存量项目发生提前终止或期满终止移交前，无法实现真正意义
上的厂网一体化。BP安庆案例最后选择的是切割方案。即原投资运营商（三
家污水处理厂）不进入新项目，在建处理厂、已建管网、规划管网都进入新
项目。在特许经营合作期限内，厂网一体化项目公司拥有本项目范围内的区
域特许经营权，具体负责本项目的规划优化、投资、融资、建设、运营维护
及移交。

从合约经济学上讲，这是一个承诺与再谈判①问题。特许经营项目中的承
诺与再谈判是指由于宏观经济的不确定性、特许经营项目合约设计的有限性、
特许经营项目规制的不完善、政治环境的改变，导致双方事前或事后承诺在
合约执行中可以再谈判。一般来讲，监管者可以承诺长期合约，但却不能承
诺不再对该合约进行重新谈判，对长期合约的承诺并不意味着各参与方在将
来一定要遵守合约，而是指只要至少一方愿意执行，那么合约就可以得到执
行，双方可以在互利的基础上自由地修改合约。在初始合约可以重新谈判给
予企业更多激励以符合双方利益时，再谈判就会进行。

从实践上讲，合约的修改分为两种情况。一种属于非实质性内容条款的
修改，双方很容易达成一致同意修改，如项目公司未及时取得施工许可证是
否包含在特许经营的期限之内；另一种是涉及实质性内容的修改，如污水处
理厂项目终止后资产补偿问题，由于项目投资大、周期长，且为社会公益性
事业，双方经过几轮谈判最终也能够达成一致同意修改。

在BP安庆项目案例中，对已有项目处置方面最后选择的是切割方案，缩
短了时间，回避了矛盾，避免了再谈判问题。实际上，如果时间容许，对项
目终止后资产补偿（价格）问题，经过原项目双方互利互惠的谈判，最终可
以达成一致意见终止或修改原合约。

因此，从承诺与再谈判的角度看，本案例要考虑以下问题：第一，签订

---

① 合约经济学中的承诺是指在一个动态（多期）的激励性合约框架中，合约双方对于各自事后
行为的自由裁量权做出可置信的约束，并通过限制双方的信息和预期，达到共同履约的结果。在跨期
管制这种重复性的合约关系中，有三种承诺形式：纯粹承诺、承诺与再谈判、无承诺。在多数情况下，
承诺与再谈判更符合实际。

特许经营项目合约时，应设计对于不确定风险（合约重大变化）再谈判的条款或机制；第二，对于不得不进行的再谈判，双方应遵循合约事先约定好的再谈判程序进行；第三，如果合约事先未能约定好再谈判的程序，则需要双方先就此程序进行协商，并以补充条款形式加以约定；第四，如果通过谈判无法解决修改、终止合约时，可以通过仲裁或司法程序进行解决。

三、基于资产转移的存量资产调整问题

在 BP 安庆项目案例中，如何对存量资产进行调整面临的问题是，W 污水处理厂一期已采用 TOT 转让，二期建设即将完工，一二期如独立运行，则技术和经济上都存在问题。BP 安庆项目案例采取的是合并运营进入新项目再外包的方案，即将 W 污水处理厂二期经营权先行授予厂网一体化项目公司，再由厂网一体化项目公司外包给原 TOT 项目公司运营。外包运营涉及的权利义务衔接、运营费支付、监管考核等，通过签订委托运营协议和承诺函等方式予以解决。

从合约经济学上讲，这是一个资产转移问题。特许经营项目中的资产转移问题是指，在合约到期时，如果原在位企业无意继续竞标或有意竞标却竞标失败，则需要将原在位企业运营着的还存在价值的资产（设施设备）转移给下期中标者。

在实践中，特许经营项目中的资产转移涉及以下几方面问题：第一，按照现行的城市公用事业特许经营合约规定，未继续中标的原项目企业在合约到期时，应将运营着的还存在价值的资产（设施设备）无偿转移给原授权方。因此，原项目企业理性的选择是在提供符合合约规定的产品或服务的条件下，使维护设施设备的成本最小。但是这种行为不但造成合约到期时无偿转移给的设施设备价值最小化，而且导致接近合约期限年份中影响设施设备提供符合合约规定的产品或服务的风险最大化。

第二，如果城市公用事业特许经营合约规定修改为，未继续中标原项目企业在合约到期时，应将运营着的还存在价值的设施设备有偿转移给原授权方，那么，对于原项目企业来说，不但可以激励它在接近合约期限年份中维护设施设备保存其价值，以良好的设施设备提供符合合约规定的产品或服务，而且还可以激励原项目企业为下一期中标或者为增加资产转移谈判的筹码而追加投资。但是，对于下期中标企业来说，这种追加投资不但增加了下期竞标的成本，而且削弱了下期中标企业在资产转移谈判中的实力。

第三，对于城市公用事业特许经营的授权方来说，它面临着两难选择：一方面，任何激励上期原项目企业追加投资以便用良好的设施设备提供产品或服务的合约规定，都会增加其获得下期特许经营权的可能性，产生的锁定效应减少了授权方在下期选择新的中标者的机会；另一方面，任何激励潜在进入者积极参与下期竞标的合约规定，都会受到资产转移的价值、资产转移的谈判成本、资产转移谈判成功与否等问题的影响，导致潜在进入者参与下期竞标的积极性存在相当程度的不确定性。

在 BP 安庆项目案例中，最后选择的存量资产调整方式是合并运营再外包的方案。对于原 TOT 项目的存量资产（一二期共用的核心设备设施）来说，这涉及资产转移问题。也就是说，这需要原项目企业与厂网一体化特许经营项目企业就资产转移问题进行谈判。

因此，从资产转移的角度看，本案例要考虑不同的运营成本条件谈判可能存在的四种可能性：一是如果上期在位企业中标并有较低的运营成本，那么它就没有必要谈判；二是如果上期在位企业中标并有较高的运营成本，那么它将会通过购买分包服务①，将资产出租或者出售给潜在进入者；三是如果潜在进入者中标并不拥有该资产且有较低的运营成本，那么它将试图向上期在位企业购买该项资产；四是如果潜在进入者中标并不拥有该资产且有较高的运营成本，那么它将试图向上期在位企业分包该产品或者从外部购买该项资产。

四、基于技术进步的设施定价问题

在 BP 安庆项目案例中，如何对增量设施进行定价，具体采取的办法是，新增投资金额以工程量清单计价的控制价为依据，并报造价管理机构审查确定。新增投资回报率确定机制为：提交最终报价不少于 5 家时，按中选的最终报价的税后内部投资收益率为准；提交最终报价少于 5 家时，以中国人民银行的同期银行贷款基准利率上浮 30% 为准。新增投资形成的新建项目的运营维护成本由物价部门核定。

BP 安庆项目案例中对增量设施的定价，考虑了新增投资金额的工程造价审定和新增投资回报率确定机制。但是，在一个时间长达 30 年的特许经营项

---

① 分包拍卖也称分割拍卖，是指在拍卖过程中，既可以对总项目进行投标，也可以分项目进行投标。这种化整为零拍卖，既降低了每个标的物的价值，又提高了拍卖过程的竞争性。

目中，其设施定价必须考虑技术进步问题。也就是说，在项目运营的未来30年，不可避免地会发生行业内的技术进步并超越中标企业现有技术的情况。那么，中标企业会采取什么行动，需要在引领技术、超越技术、跟随技术、落后技术之间进行选择。为了激励中标企业在特许经营期间进行技术进步，在对增量设施进行定价时，必须考虑技术进步因素。

从合约经济学上讲，这是一个包含技术进步的资产定价问题。特许经营项目中的技术进步是指在合约期内，如果产业技术标准提高，则特许方有权要求或强制在位企业的技术在该产业中保持先进水平。但是，在决定技术进步的程度时，在位企业会考虑前期投入成本能否收回、第二期内能否继续中标，以及不能中标时投入成本能否转移等问题。这可能使在位企业选择少追加或不追加在技术研发方面的投入，从而导致其技术低于产业平均水平。特许经营项目中包含技术进步的资产定价是指项目授予方在计算新增投资金额和新增投资回报率的基础上，将中标企业在合约期间的技术进步作为另外一种投资考虑进来，即包含技术进步投资的新增投资定价。

在实践中，根据"干中学"和人力资本专用性的理论，可以将在位企业技术进步的人力资本投资分为可完全转移与可部分转移两种情况[①]。首先，技术进步的人力资本投资可以完全转移，一方面，在位企业担心自己在下一期招标时无法继续中标，造成原有投资完全转移给潜在中标者，从而导致当期技术进步的人力资本投资不足；另一方面，减少第一期的努力将降低第二期的效率以及相应的租金（在位企业继续中标的概率较高时尤为明显），此时增加第二期中在位企业中标的可能性，就能提高它在第一期隐藏自身效率的机会成本。因此，这两种效应使得合约应偏向于在位企业。

其次，技术进步的人力资本投资只能部分转移即具有专用性，一方面，第一期中在位企业的努力只会使中标的潜在进入企业部分收益；另一方面，与"干中学"情况的效应相类似，减少第一期的努力将大幅降低第二期的效率及相应的租金，因此增加第二期中选择在位企业的可能性，可以提高在位企业在第一期中隐藏自身效率的机会成本。

在BP安庆项目案例中，是由三家公司提交最终报价，最终报价以中标企业的税后内部投资收益率为基准，参考中国人民银行的同期银行贷款基准利

---

① "干中学"是指在工作或生产的过程中，通过对经验的积累总结，乃至创新，达到更高的效率。人力资本专用性是指员工在工作的过程中，通过学习和经验积累形成了一些特殊知识，这些特殊知识仅适用于该单位的特定环境，一旦拥有这些资本的员工被解雇，其拥有的特定知识就会贬值，这对单位和员工双方都是损失。

率上浮 30% 。本案例中的增量设施定价，实际上未考虑未来 30 年中的技术进步问题。

　　因此，从技术进步的角度看，本案例要考虑以下问题：一是将中标企业在合约期间的技术进步作为一种人力资本投资进行考虑，即包含技术进步投资的新增投资定价。二是将在位企业技术进步的人力资本投资分为可完全转移与可部分转移两种情况进行权衡，决定倾向在位者还是潜在进入者的定价。三是如果企业连续中标，则合约中要考虑两期的激励性定价；在技术进步的投资可完全转移与可部分转移两种情况下，采取先强后弱与先弱后强的两期激励性定价。

五、基于赢者诅咒的项目竞标问题

　　在 BP 安庆项目案例中，如何对厂网一体化特许经营项目进行竞标，本案例项目竞标采取的是竞争性磋商方式。2014 年 12 月，财政部发布了《政府采购竞争性磋商采购方式管理暂行办法》，《办法》中指出，竞争性磋商采购方式是指采购人、政府采购代理机构通过组建竞争性磋商小组与符合条件的供应商就采购货物、工程和服务事宜进行磋商，供应商按照磋商文件的要求提交响应文件和报价，采购人从磋商小组评审后提出的候选供应商名单中确定成交供应商的采购方式。

　　在 BP 安庆项目案例中磋商方式的程序分为技术方案磋商和综合评审两个阶段。根据磋商情况，向技术方案为 A、B、C 档的投标者发出变动通知，要求其重新提交文件和最后报价。变动内容包括污水管网运维绩效、污水管网普查机制、新增投资回报率确定机制、新增投资控制价下浮率等。

　　安庆项目最终由 BP 集团中标，但是，项目的竞标结果引发争议。提交最终报价三家的投资额、融资成本、污水处理厂运行成本、污水管网运营维护成本等均十分接近，其差异主要是自有资金投资回报率。在污水处理投标价上，BP 集团的 0.39 元/吨明显低于其他两家的 1.67 元/吨和 2.6 元/吨。

　　从合约经济学上讲，这是一个赢者诅咒问题。拍卖[①]中的赢者诅咒是指赢得标的物对中标者来说是一个坏消息，这表明赢者高估了标的物的价值，会因为支付过高而亏损。特许经营招标中的赢者诅咒是指赢者虽然在招标竞价

---

　　① 拍卖与招标都是市场经济的交易方式，一般将用已存在的商品兑现货币称作拍卖，而将用货币购买未来完成的工程或未来提供的服务称作招标。

中获胜但却获得低于正常水平的利润甚至是负的利润。产生这种现象的原因是，每一个竞标者都认识到，只有当自己的出价最高时，才会赢得标的物，其他竞标者出价的信息会影响到竞标者的估值。安庆项目属于工程招标，其标的物对于竞标者来说是共同价值①。赢者诅咒问题的产生是对共同价值判断有误，中标者对该价值的评价过低。已有研究表明，在竞价过程中，只要有竞争单位提出（密封竞价中是预计可能提出）一个更高（低）的价格，竞价者就会非理性地抬高（压低）价格，以期获得拥有权，但此时的竞价价格已远远高出（低于）实际价值，这实际上是那些没有拥有权的人们正在体验损失规避。目前，解释产生赢者诅咒的心理机制主要有：一是损失规避理论，即赢家在拍卖中收益（X）和损失（Y）所带来的心理感受之间的差额是赢者诅咒产生的直接的心理原因；二是过度自信理论，即积极的竞价者因为过高地估计和使用了自己所拥有的信息，陷入目标公司之前设定的圈套，也陷入了赢者诅咒的陷阱中；三是后悔理论，在拍卖市场中，竞价者受到各种因素的影响而做出竞价行为，事后当他发现自己高估了被拍卖品的价值时会产生后悔心理，正是这种后悔的情绪使赢家产生"诅咒"心理。

在实践中，赢者诅咒的影响因素主要包括竞价商品价值的不确定性程度、竞价人数、信息因素以及竞价经验等。第一，虽然工程招标的标的物属于共同价值，但对于竞争者来说，掌握的相关信息却存在着差异，由此阐述了所竞价商品价值（工程）的不确定性，这种不确定性的程度，会直接影响到竞价拍卖中赢者诅咒发生的强度。第二，随着竞价者人数的增加，竞价者的出价行为会更积极，每位竞价者都会增加（减少）自己的出价，而所有竞价者的竞价水平随着竞争的加剧也会提高（降低），进而导致竞价者调整出价策略的能力下降，从而使得赢者诅咒结果产生的概率大大增加。第三，在工程招标（密封式一级价格拍卖）中，由于信息的不对称性，中标企业的出价远高于工程建设和运营的实际价值；在竞争性磋商（谈判）中，谈判的买方往往会错误地考虑卖方行为中所包含的信息，因而导致他们使用了次优的竞拍策略，最后得到了赢者诅咒的结果。

在 BP 安庆项目案例中，中标的 BP 集团提交最终报价，投资额、融资成本、污水处理厂运行成本、污水管网运营维护成本等与其他两家竞标者均十分接近，其竞标报价的差异主要在于自有资金投资回报率不同。但是，在污

① 共同价值是指在这一类的拍卖当中，标的物的事后价值对于所有竞拍者来说是一样的，参与竞拍的主体虽然不清楚标的物价值，但其了解该标的物的其他信息。

水处理投标报价上，BP 的报价明显低于其他两家。如果不是恶意中标，则陷入赢者诅咒（中标即输）状态明显，即中标后很快陷入运营亏损。

因此，从赢者诅咒的角度看，本案例要考虑以下问题：第一，判定中标的 BP 集团是否陷入赢者诅咒（中标即输）。根据现有能够公开获取到的信息，BP 集团是从战略发展和布局考虑作出统筹安排而将投资回报设定偏低，但是如果没有事后再谈判调整价格或实行交叉补贴，此项目陷入赢者诅咒（中标即输）的可能性极大。第二，如何限制赢者诅咒。哈里森和李斯特（Harrison & List，2008）提出通过设立交易的内部人来限制赢者诅咒。内部人作为中立的第三方，会在竞拍前，依据竞价商品的评估价值确定出一个竞价范围，规定在这个范围内竞价者进行出价，这样可以将发生的赢者诅咒效应限制在一个范围之内。第三，如何减少赢者诅咒的损失。一是如果合约签订后即出现赢者诅咒问题，允许合约双方进行再谈判，调整价格。但是，一定要遵守相关法律，保证招标结果的公正性。二是允许中标企业作为总承包商与分承包商进行再谈判，调整价格。在这里，可以参考分割拍卖的方式进行。三是允许合约的招标方在法律范围内适当调整标的物（项目工程）的内容。

六、研究结论

厂网一体化特许经营项目的本质都是合约问题。基于此，本文以 BP 集团安庆污水收集处理厂网一体化特许经营项目为例，从合约经济学的视角，系统研究了原有项目处置、存量资产调整、增量设施定价和特许经营项目竞标等科学问题。经研究发现：（1）在对已有项目处置时，BP 安庆项目案例选择的切割方案，缩短了时间，回避了矛盾，避免了再谈判问题，但若时间允许，对项目终止后资产补偿问题经过再谈判，可达成一致意见终止或修改原合约，但在不确定性风险发生的情况下再谈判须考虑再谈判程序、补充条款约定、司法程序等。（2）在存量资产调整时，BP 安庆项目案例选择的是合并运营再外包的方案。这需要原项目企业与厂网一体化特许经营项目企业就资产转移问题进行谈判。但在不同运营条件下应考虑谈判的四种可能：若上期中标企业运营成本较低则无须谈判、若上期中标企业通过购买分包服务则无须谈判、若潜在中标企业不拥有该资产且运营成本较高须优先考虑购买该资产、若潜在中标企业不拥有该资产且运营成本较低须优先考虑向上期在位企业分包该产品或者从外部购买该项资产。（3）在对增量设施进行定价时，BP 安庆项目案例最终报价以中标企业的税后内部投资收益率为基准，参考中国人民银行贷款基准利率上浮 30%，但还应考虑技术进步对定价带来的影响问题。（4）在项目竞标问题上，BP 安庆项目案例陷入赢者诅咒（中标即输）的状态非常明显，因此应考虑如何判定是否陷入赢者诅咒、如何限制赢者诅咒、如何减少赢者诅咒等一系列问题。基于 BP 安庆项目的典型案例，本文研究系统剖析了厂网一体化特许经营项目的共性问题，有利于在城乡供水一体化、厂网一体化投资和运营中特许经营模式的快速发展。

参考文献

［1］ 冯中越，宋卫恭. 城市公用事业特许经营合约中的资产转移问题研究——以城市轨道交通为例［J］. 财经论丛，2011（2）：25 – 30.

［2］ 刘穷志，芦越. 制度质量、经济环境与 PPP 项目的效率——以中国的水务基础设施 PPP 项目为例［J］. 经济与管理，2016（6）：58 – 65.

［3］ 孟庆军，可名芸. 基于"政府 – 金融 – 企业"融合的污水处理 PPP 项目发展研究［J］. 科技管理研究，2016（22）：214 – 220.

［4］ 秦颖，姜军，鞠磊，左卓敏. 基于特许经营模式的城市水业厂网一体化的经济学分析［J］. 中国软科学增刊，2015（下）：400 – 407.

［5］ 邱安民. PPP 模式引入城市水污染治理的可行性分析——以南昌市为例［J］. 旅游纵览，2016（22）：193 – 194.

［6］ 让 – 雅克·拉丰，让·梯若尔. 政府采购与规制中的激励理论［M］. 石磊，王永钦译，上海：上海三联书店，上海人民出版社，2004.

［7］ 宋健民，石俊姣，张樵民. 污水处理 PPP 项目收益优化的系统动力学仿真研究——基于多方联动视角［J/OL］. 数学的实践与认识，2021（19）. http：//kns. cnki. net/kc-ms/detail/11. 2018. o1. 20210615. 1645. 006. html.

［8］ 张苗苗. 污水处理项目 PPP 融资模式研究［J］. 时代金融，2015（32）：203 – 204.

［9］ 张玉春，曹业启. PPP 模式下污水处理项目价格设计［J］. 工业技术与职业教育，2016（4）：8 – 11.

［10］ 章雯. 供排水领域 PPP 模式借鉴［J］. 中国投资，2016（12）：86 – 88.

［11］ Harrison G. W. , List J. A. Naturally occurring markets and exogenous laboratory experiments：A case study of the winner's curse［J］. The Economic Journal，2008，118（528）：822 – 843.

国有企业改革进程的再考察

——演化的视角

剧锦文[*]

摘　要　本文对国有企业改革的政策文件、演化历程进行系统梳理,国有企业改革进程共经历了四个阶段:20世纪80年代的"放权让利"、20世纪90年代产权制度改革、21世纪头10年综合改革、现阶段的混改,每个阶段都有其赋予的时代特征和历史使命。国有企业改革的社会偏好或诉求,是在改革历史的进程中经过大量的博弈而内生出来的;上期改革的结果会成为下期改革的禀赋和约束条件,而这些禀赋和约束条件的具体状况,在一定程度上影响着后期改革的路径选择;国有企业改革过程中形成的"试点—经验总结—形成政策—全面推广",是演化逻辑在中国的具体实践。

关键词　国有企业　改革进程　演化理论

演化逻辑是考察国有企业改革历程的一个很好理论。本文着重从"社会偏好"这一演化理论的视角进行考察。所谓"社会偏好",这里是指人类社会在其发展的某个历史时期,经过社会多方多轮的博弈,最后形成的大多数人的一种倾向性偏好和诉求,这种诉求包括了某些渴望解决的重大问题。

一、20世纪80年代的"放权让利"
——寻找合适的经营者

众所周知,20世纪80年代初,对于刚刚经历了十年"文化大革命"的国有企业而言,人们普遍期望尽快恢复经济、恢复企业的生产能力,国有企

---

[*]　剧锦文,中国社会科学院经济研究所。

业改革正是在这一背景下开始的。在接下来的 10 多年时间里，对国有企业先后实施了"放权让利"和"承包制"等不同改革方式。从本质上讲，这些改革都在于调动包括经营管理者和广大员工的生产经营积极性。从改革的过程看，改革从"放权让利"开始，随后逐步收敛于寻找到"合适的经营者"这一社会诉求之上。

（一）"放权让利"

始于 20 世纪 80 年代初的国有企业改革，首先是从"放权让利"开始的。

1978 年 10 月，四川省率先给予省内的宁江机床厂、重庆钢铁公司、成都无缝钢管厂、四川化工厂、新都县氮肥厂、南充丝绸厂 6 家国营工交企业一定的经营自主权，具体而言：先给企业定一个增产增收的目标，允许企业实现目标后提取少量利润留成给职工发放奖金。基于这种做法的成效，1979 年 4 月，国家经委在四川改革探索的基础上召开扩权试点座谈会，明确提出要扩大国营企业的生产经营权、财权、物资权、外贸权、招工权、奖惩权以及机构设置和干部任免等方面的权力。同年 5 月，国家经委、财政部等 6 个单位联合在京、津、沪三市选择了首都钢铁公司（以下简称首钢）、天津自行车厂、上海柴油机厂等 8 个单位进行扩大企业自主权试点。与此同时，许多地方和部门依照 8 个试点企业的做法自行制定办法进行试点。1979 年 7 月 13 日，国务院下发了《关于扩大国营工业企业经营管理自主权的若干规定》《关于国营企业实行利润留成的规定》等扩大国营企业自主权的 5 个文件。此后不久，全国有 26 个省份在 1590 家工业企业中进一步进行试点，加上有些省份按自定办法试点的企业，共为 2100 家。到 1980 年 6 月，实行扩大企业自主权试点的企业达 6600 多家，占全国预算内工业企业数的 16% 左右，产值约占 60%，利润占 70%。[1] 与此同时，国务院还选择了湖北省长沙市、江苏省常州市率先进行"国家经济体制综合改革"试验，随后又有重庆、武汉、沈阳、大连、哈尔滨、广州及西安也被列入试点范围。[2] 试点企业和试点城市都取得了十分显著的经济效果。1979 年与 1978 年相比，工业总产值增长 11.6%，实现利润增长 15.9%，上缴利润增长 12.6%。[3] 一般试点企业的产量、产值、上缴利润增长幅度都超过试点前的水平，也高于非试点企业的水平。然而，

---

① 赵德馨. 中华人民共和国经济史（1967—1984）[M]. 郑州：河南人民出版社，1989：580.
② 科斯，王宁. 变革中国：市场经济的中国之路（中译本）[M]. 北京：中信出版社，2013：68.
③ 胡静林. 国有企业改革理论与途径 [M]. 北京：经济科学出版社，1995：36.

伴随着企业留利的不断增加，政府的财政收入出现了大幅下降。为此，政府不得不采取新的改革举措，于是承包经营责任制就应运而生了。

（二）承包经营责任制

所谓承包经营责任制，是在社会主义公有制基础上，按照所有权和经营权适当分开和企业自主经营、自负盈亏的原则，以契约的形式确定国家和企业责权利关系的经营管理制度。①

早在 1981 年，全国有一些地方已经出现了承包经营的大胆探索。1984年，马胜利对石家庄造纸厂实行了承包经营；同年，辽宁省本溪市蔬菜公司女工关广梅承包租赁 8 家国有副食品商店等，可谓名噪全国，而影响最大的则首属首钢的承包制。早在 1979 年，首钢就被国家选为放权让利试点企业，随后三年首钢利润年均增长 45%，上缴国家利润年均增长 34%。1982 年，首钢在时任公司总经理周冠五的带领下开始实行利润递增包干的体制。②

在承包制已成燎原之势的背景下，1987 年 4 月，国家经委受国务院委托，召开了全国企业承包经营责任制座谈会，全面布置了推行承包制的各项工作，从此，承包制在全国国有企业中推开。1987 年在工业企业的推行面约占6%，1988 年上半年已普遍推开，到 1988 年底全国独立核算国有工业企业承包制已达 80% 以上，预算内工业企业承包面达 90% 以上，其中大中型企业达 95%。③

为顺应国有企业的承包制改革，1988 年 2 月 27 日，国务院发布了《全民所有制工业企业承包经营责任制暂行条例》。其中第五章首次对"企业经营者"做了界定，"实行承包经营责任制，一般应当采取公开招标办法、通过竞争确定企业经营者或经营集团。招标可在本企业或本行业中进行，有条件的也可以面向社会通过人才市场进行。投标者可以是个人、集团或企业法人"④。这一文件集中反映了这个时期国有企业改革的诉求。1988 年 6 月，中央组织部和人事部专门联合发出通知，要求各地积极推进竞争招标选聘企业经营者，并就有关政策提出了指导意见。随后，北京、天津、吉林、辽宁、河北、湖

---

①④ 国家经济体制改革委员会企业体制司，国务院企业管理指导委员会办公室. 中国企业改革十年［M］. 北京：改革出版社，1990：216 - 217.

② 周冠五. 靠承包制实现公有制与商品经济的统一——首钢实行承包制的体会［J］. 中国经贸导刊，1987（1）.

③ 胡静林. 国有企业改革理论与途径［M］. 北京：经济科学出版社，1995：55 - 56.

北，以及福州、苏州、哈尔滨、洛阳等省市也分别制定了招标经营者承包的有关规定。到 1988 年，全国实行承包制的企业中，招标选聘经营者的比例达到 30%。① 这里要特别指出的一个案例就是：1984 年德国退休专家格里希受聘为武汉柴油机厂厂长，说明这个时期社会对好的企业经营者的渴望。由此可见，承包制是顺应这个时期选择合适企业经营者这一社会偏好的一种制度创新。

然而，由于承包制没有触及企业深层次的产权制度，这就导致了经营者拼设备、拼资源的"短期行为"。② 事实证明，这一改革方式仅有短期效应。有资料显示，国有企业的经营绩效从 20 世纪 90 年代初开始出现了恶化的倾向。据 1994 年全国开展的清产核资的资料，12.4 万户国有企业的全部资产损失累计达 2231.1 亿元，全部挂账达 2206.9 亿元，损失与挂账合计达到 4438 亿元，占这些企业全部资产的 10.7%。全国独立核算的国有企业亏损面在 1992 年达到 22.7%，1993 年和 1994 年进一步分别上升到 29.8% 和 32.7%。1993 年国家对财政和税收体制进行了改革，规定国有企业按 3% 的税率上缴所得税而不再上缴税后利润，承包制"寿终正寝"。③ 这也说明，尽管这个时期在寻找合格经营者方面做出很大努力，但社会偏好所指向的期望并没有真正完成，更谈不上建立起一个稳定的选择机制。

二、20 世纪 90 年代产权制度改革——寻找所有者

与国有企业通过承包制寻找合格经营者不同，20 世纪 90 年代展开的国有企业产权改革，试图从企业产权制度层面解决企业长期的经营问题，因此，通过各种途径明晰企业产权主体或找到所有者逐渐成为新的社会偏好。

（一）早期的股份制探索

股份制作为现代企业的基本制度被世界多数国家广泛采用，其最显著的特点就是产权明晰和稳定的制度、机制。早在 1984 年 7 月，北京天桥百货公司首次向社会半公开地发行股票，并形成了国家股占 50.97%，银行股占 25.89%，企业参股占 19.69% 和职工个人股占 3.46% 的多元化股权结构。

① 邵宁. 国有企业改革实录 [M]. 北京：经济科学出版社，2014：25.
② 根据《全民所有制工业企业承包经营责任制暂行条例》的规定，承包期限通常不得低于 3 年，一般为 3 年.
③ 剧锦文. 改革开放 40 年国有企业所有权改革探索及其成效 [J]. 改革，2018（6）.

1984 年和 1985 年，上海分别批准设立了上海飞乐音像股份有限公司和上海延中实业股份有限公司；1985 年，广州市政府批准了广州绢麻厂、明兴制药厂、侨光制革厂 3 家国营中小型企业的股份制试点。1986 年 12 月，国务院发布了《关于深化企业改革增强企业活力的若干规定》（以下简称《若干规定》），指出："各地可以选择少数有条件的全民所有制大中型企业，进行股份制试点。"《若干规定》出台后，全国的一些省市随即开始挑选一些国有大中型企业进行股份制改革试点。进入 20 世纪 80 年代后期和 90 年代初，国营企业探索股份制改造有所加快，据国家体改委的资料，到 1988 年底，全国已有 3800 家股份制企业，其中 800 家由国营企业改制而来，60 家向社会发行了股票，其余 3000 家原来是集体企业。从地域上看，试行股份制的企业主要集中在东部经济较发达地区，其中上海市 1255 家，沈阳市 707 家，广东省 290 家，武汉市 133 家。根据国家体改委对全国 34 个省份的不完全统计，1991 年末共有各类股份制企业 3320 家（不包含乡镇企业中的股份合作制和中外合资企业和国内联营企业）。其中原来是集体企业的占 63%，国有企业的占 22%，其他类型的占 15%。上海和深圳两地比较规范的股份制企业也分别增加到 11 家和 108 家。[①]

（二）20 世纪 90 年代国有企业产权改革全面展开

20 世纪 80 年代后期的股份制探索，增强了人们深化国有企业产权制度改革的信心。进入 20 世纪 90 年代，随着国内的政治和舆论氛围的改变，非国有经济和外资经济迅速崛起，特别是规范的资本市场建立，通过公司化以明晰产权，寻找到所有者的改革逐步成为新的社会偏好。

在 20 世纪 90 年代初，国家形成了发展国有企业的"抓大放小"方略。与此相对应，国有企业改革也形成了国有大型企业"公司化"和国有中小型企业"民营化"的对应策略。中共十四届三中全会通过了《关于建立社会主义市场经济体制若干问题的决定》，明确指出一般小型国有企业，有的可以实行承包经营、租赁经营，有的可以改组为股份合作制，也可以出售给集体或个人。国有大型企业实行"公司化"和国有中小型企业实行"民营化"的"抓大放小"改革与重组策略初步形成。

1. "抓大"与国有大型企业"公司化"

首先，对不同产权主体的界定。为了贯彻中央推进国有大型企业的公司

---

① 国家经济体制改革委员会 . 中国经济体制改革年鉴（1992）[M]. 北京：改革出版社，1992：332.

化和明晰产权关系改革，1992 年国家体改委与其他国家部委联合集中颁布了包括《股份有限公司规范意见》《有限责任公司规范意见》《股份制企业试点办法》等 12 份文件。其中《股份制企业试点办法》明确规定："股权设置有四种形式：国家股、法人股、个人股、外资股。国家股为有权代表国家投资的部门或机构以国有资产向公司投资形成的股份（含现有资产折成的国有股份）。法人股为企业法人以其依法可支配的资产向公司投资形成的股份，或具有法人资格的事业单位和社会团体以国家允许用于经营的资产向公司投资形成的股份。个人股为以个人合法财产向公司投资形成的股份。经批准，由外国和我国的香港、澳门、台湾地区投资者向公司投资形成的股份，称为外资股。"① 1993 年 12 月，全国人大通过了我国第一部《公司法》，通过法律形式对不同产权主体进行了确认。

其次，国有企业公司化的试点与推广。在国家颁布一系列改革和法律文件之后的 1994 年，国家经贸委、国家体改委确定了 100 家国有大中型企业和 3 家控股公司进行现代企业制度试点。在接下来的 3 年时间里，各省份先后选定了 2714 家地方企业进行建立现代企业制度的试点，并取得了明显成效。

最后，改制主要方式和途径。从试点企业自我选择的改革方式来看，主要有以下几种做法：一些企业将中央和地方的"拨改贷"转为"贷改投"，如唐山碱厂改制为由国家开发投资公司、河北省建设投资公司、河北省经济开发投资公司及唐山市经济开发投资公司四家股东持有的有限责任公司；一

---

① 1994 年 11 月，由国有资产管理局、国家体改委联合发布的《股份有限公司国有股权管理暂行办法》（以下简称《暂行办法》）中，又对"国有法人股"进行了界定。《暂行办法》指出："国有法人股是指具有法人资格的国有企业、事业及其他单位以其他依法占用的法人资产向独立于自己的股份公司出资形成或依法定程序取得的股份，在股份公司股权登记上记名为该国有企业或事业及其他单位持有的股份。国家股和国有法人股统称为国有股权。"《暂行办法》对国有企业改组设立和新设立股份公司时，国家股和国有法人股的区分作了较详细规定："（1）有权代表国家投资的机构或部门直接设立的国有企业以其全部资产改建为股份公司的，原企业应予撤销，原企业的国家净资产折成的股份界定为国家股。（2）有权代表国家投资的机构或部门直接设立的国有企业以其部分资产（连同部分负债）改建为股份公司的，如进入股份公司的净资产累计高于原国有企业净资产 50%（含 50%），或主营生产部分全部或大部分资产进入股份制企业，其净资产折成的股份界定为国家股；进入股份公司的净资产低于 50%（不含 50%），其净资产折成的股份界定为国有法人股。（3）国有法人单位所拥有的企业，包括产权关系经过界定和确认的国有企业（集团公司）的全资子企业（全资子公司）和控股子企业（控股子公司）及其下属企业，以全部或部分资产改建为股份公司，进入股份公司的净资产折成的股份界定为国有法人股。"对新建立股份公司中国有股权的界定："（1）国家授权投资的机构或部门直接向新设成立的股份公司投资形成的股份界定为国家股。（2）国有企业或国有企业（集团公司）的全资子企业（全资子公司）和控股子企业（控股子公司）以其依法占用的法人资产直接向新设立的股份公司投资入股形成的股份界定为国有法人股。"乌杰. 现代企业制度操作指南［M］. 北京：改革出版社，1995：289.

些企业首先改制为国有独资的集团公司，然后由集团公司作为投资主体持有经分拆设立的股份有限公司或有限责任公司的股份，这类改制占有相当大的比重；一些则是把原行政主管厅局改制为单纯的控股公司。随着改革的深入，又出现了一些新的改革形式，比如职工持股与管理层收购。①

以上的改制方式只是针对部分企业的探索，其实并不普遍，而通过改制上市因满足多方的利益诉求而逐步被企业、职工、政府等多方面所欢迎，并迅速成为国有企业产权改革的主要形式。

有统计数据显示，截至 1997 年底，国有企业改造成股份公司的已有上万家，其中在上海、深圳证券市场挂牌的上市公司达到 745 家。在国家 512 户重点企业中，已经挂牌上市的占 36%；在国家 120 户试点企业集团中，核心企业已经挂牌上市的占 42%；在 100 户现代企业制度试点的企业中，已挂牌上市的占 48%。② 截至 2000 年 5 月底，在全部上市公司中，有国有股的上市公司（包括 A 股、B 股和发了 A 股的 H 股公司）共 740 家，总股本为 2443 亿股，其中国有股 1558 亿股（国家股 1157 亿股，国有法人股 401 亿股），占 59%。在当时的 981 家上市公司中，国有控股的上市公司 664 家，占 68%，其中绝对控股的 469 家，占 48%。③ 截至 2001 年底，我国境内国有控股上市公司数量上升到 903 家，占上市公司总数的 77.8%。④ 据国务院国有资产监督管理委员会的数据，截至 2003 年底，全国 4223 家国有大中型骨干企业中，有 2514 家实施了公司化改制，改制面近 60%。国家重点企业中的 2524 家国有及国有控股企业，已有 1331 家改制为股权多元的股份制企业，改制面为 52.7%。⑤

20 世纪 90 年代的国有企业产权改革，尽管在寻找或塑造"所有者"方面取得了一定进展，但国有产权模糊不清以及"五龙治水"的多头主体等问题依然没有得到解决，这自然成为 21 世纪初国有企业产权改革面临的主要任务。

---

① 国有企业的职工持股起源于 20 世纪 80 年代后期试行的股份制改革。进入 20 世纪 90 年代，随着股份制企业的增多，一些企业创新出各种职工持股的方式，包括国有企业产权改革形成的职工持股、定向募集公司的职工持股和上市公司的内部职工持股等。但是，由于那时没有明确的法律规范，企业实施职工持股也没有经验，因此出现了诸多问题，随后即被禁止。此外，通过管理层收购来改革国有企业产权制度的方式也被创新出来。早在 1999 年四通集团率先引入管理层收购，2002 年 10 月 8 日中国证监会发布了《上市公司收购管理办法》，首次给予管理层收购留下了生存空间，但由于所涉及的法律问题未进行详细规定，造成实际操作中的诸多问题。后来也被禁止了。
② 剧锦文. 改革开放 40 年国有企业所有权改革探索及其成效 [J]. 改革，2018（6）.
③ 陈耀先. 中国证券市场的规范与发展 [M]. 北京：中国金融出版社，2001：22.
④ 李荣融. 国有企业改革和发展取得丰硕成果 [N]. 人民日报，2002 - 09 - 22.
⑤ 张卓远. 张卓远改革论集 [M]. 北京：中国发展出版社，2008：125.

2. "放小"与国有中小型企业"民营化"

"放小"同"抓大"一样,是我国20世纪90年代国有企业产权制度改革的另一重要举措。实际上,这个时期国有中小型企业改革即"放小"的步子迈得更大。尤其是属于非试点地方的国有中小型企业,通过破产、拍卖、租赁、承包经营和股份合作制等多种改革形式,在很短时间内基本实现了国有产权的"民营化"。

国有中小型企业的产权改革起始于1992年在山东省诸城市的改革试点。诸城市改革以有限责任公司和股份合作制为主要形式。此后,诸城市经验迅速被复制到全国的很多地区。由于"放小"主要由各级地方政府推动,地方政府出于缓解财政压力的需要,积极采取了更为灵活和大胆的改革举措:对经营状况较好,产品有市场,但缺乏资金的企业,通过产权界定,采取"资产责任股"形式,吸纳职工、自然人、法人等参股,改制为股份制企业。对生产经营陷于困境的企业,切出部分净资产以置换职工身份,组成股份合作企业,以兼并、划并、参股、控股、划转等方式重组为企业集团;经营者以有价证券或不动产作为风险抵押金,以安置消化职工为前提,每年向财政上交一定数量的国有资产占用费,进行多种形式的租赁;利用企业地理、技术、产品等优势,吸引国内外资金、技术、管理,对企业进行嫁接;以盘活国有资产,解决债务、人员"包袱"为目的,将整个企业或企业部分资产进行产权转让(即拍卖、出售和破产),等等。

对国有中小型企业的大刀阔斧改革,一大批国有中小型企业实现了"民营化"。到1997年上半年,实行民营化的国有中小型企业已占国有中小型企业总数的50%以上,进展比较快的省份达到75%以上,广东顺德、山东诸城、四川宜宾、河南漯河、河北新乐、黑龙江宾县、浙江兰溪等一大批国有中小型企业已经全部实现了民营化。另据张文魁的研究资料,截至1998年8月,独立核算国有中小型企业改制数量达到47631家,占应改制企业的64%。其中江西省国有中小型企业改制比重达到87%,安徽省达到93%。在这47631家改制企业中,采取股份合作制形式的有10769家,占22.6%;采取整体出售形式的有3893家,占8.2%;采取租赁形式的有3470家,占7.3%;采取承包形式的有2197家,占4.6%;采取股份制形式的有2928家,占6.2%;采取兼并形式的有2098家,占4.4%;采取破产形式的有1340家,占2.8%;采取其他形式如合资嫁接等形式,占43.9%。① 宋立刚和姚洋基于

---

① 张文魁. 混合所有制的公司治理与公司业绩 [M]. 北京:清华大学出版社,2015:50-51.

对全国 11 个城市 700 多家企业的调查研究发现，375 例改制样本中，员工持股最多，占 27%，内部重组为 20%，租赁为 15%，破产重组和公开出售各占 13%，公开发行为 8%，合资为 4%，① 这大致反映了当时国有中小型企业民营化的主要方式。

三、21 世纪头 10 年综合改革
——推进上市与强化公司治理

2002 年 11 月，党的十六大明确了国有资产监管体制改革的"三分开、三统一、三结合"原则②，并要求中央和省、自治区、直辖市两级政府设立国有资产监管机构，成立专门的国有资产管理部门，标志着一个统一的、相对明确的国有产权的出资人已经找到，尽管这个出资人并不意味着是一个清晰的国资的所有者。在这一背景下，国有企业改革开始转入了综合推进的新阶段。这里所谓的"综合推进"是指一种新的社会偏好或诉求，它既包含通过上市进一步明晰产权关系，也包括着手构建企业的治理结构，明晰产权关系依然是重中之重。

（一）明晰产权

20 世纪 90 年代国有企业改革的使命是明晰产权，找到产权的主体，其中改制上市成为主要形式。2003 年国资委成立后，继续将通过推动国有公司上市进一步明晰产权作为新时期国有企业改革的首选。

为了推进国有企业改制上市顺利进行，2003 年 11 月，国务院办公厅转发了国资委《关于规范国有企业改制工作的意见》，明确指出，国有企业改制要有预案，要做好对改制过程中的国有产权交易、定价、转让价款进行管理，要依法保护债权人利益，维护职工合法权益，并通过增资扩股来提高国有控股、参股企业国有股权或者非国有股比例。2005 年 12 月，国务院办公厅转发国资委《关于进一步规范国有企业改制工作的实施意见》，特别强调了国有企

---

① 宋立刚，姚洋. 中国企业的所有制改革——进程、成效及其前景 [M]. 北京：中国财政经济出版社，2006：39.

② 所谓"三分开"就是政企分开，即政府授权国资监管机构对企业国有资产履行出资人职责，不直接管理国有企业；政资分开，即国资监管机构不行使政府社会公共管理职能，政府其他机构、部门不履行企业国有资产出资人职责；所有权与经营权分开，即国资监管机构不得直接干预企业的生产经营活动。"三统一"即权利、义务和责任三者的统一。"三结合"即管资产和管人、管事相结合。

业改制必须事先认真制定改制方案等。在具体做法上，这个时期的重点在于
股权分置改革和整体上市。

1. 股权分置改革

早在 20 世纪 90 年代，就已经进行了上市公司股权分置改革的探索。国
资委成立后，股权分置改革转入全面实施阶段。2004 年 2 月，国务院发布
《关于推进资本市场改革开放和稳定发展的若干意见》，明确提出要"积极稳
妥解决股权分置问题"。从 2005 年 5 月开始到 2007 年底，801 家国有控股上
市公司已有 785 家完成或启动了股改程序，占 98%，标志着国有控股上市公
司股权分置改革已基本完成，国有公司的产权关系得到了进一步的明晰。数
据显示，从 2008 年开始，国有股大幅下降到 0.31%，2010 年更是下降到
0.23%，非流通股比例在 2008 年大幅下降到 0.55%，2010 年更是减少到
0.36%，而流通股从 2008 年大幅上升到 99.45%，2010 年再达到 99.64%
（见表 1）。国有上市公司的股权在全流通状态下，所有权的身份得到了进一
步确认。

表 1 　　　　　　　　**1992～2010 年我国上市公司股权结构** 　　　　　　单位：%

年份	国有股比重	法人股比重	A 股比重	非流通股比重	流通股比重
1992	42.11	26.63	15.87	69.97	30.03
1993	49.06	20.66	15.82	72.18	27.82
1994	43.31	22.53	21.00	66.98	33.02
1995	38.74	24.63	21.21	64.47	35.53
1996	35.42	27.18	21.92	64.75	35.25
1997	31.52	30.70	22.79	65.44	34.56
1998	34.25	28.34	24.06	65.89	34.11
1999	36.13	26.58	26.33	64.98	35.02
2000	38.90	23.81	28.43	64.28	35.72
2001	46.20	18.29	25.26	65.25	34.75
2002	47.20	17.32	25.69	65.33	34.67
2003	47.39	16.63	26.67	64.72	35.28
2004	46.78	16.40	27.87	63.95	36.05
2005	45.00	13.39	29.90	62.20	37.80

年份	国有股比重	法人股比重	A 股比重	非流通股比重	流通股比重
2006	30. 74	5. 03	22. 11	62. 37	37. 63
2007	26. 85	3. 83	21. 53	54. 02	45. 98
2008	0. 31	0. 24	27. 69	0. 55	99. 45
2009	0. 15	0. 22	67. 62	0. 37	99. 63
2010	0. 23	0. 13	71. 60	0. 36	99. 64

注: 2010 年统计口径较 2009 年增加了创业板。
资料来源: 中国证券登记结算公司。

2. 整体上市

在推进股权分置改革的同时, 从 2005 年开始, 国资委等国有资产管理部门就提出要支持具备条件的中央企业从集团层面推进股份制改革, 鼓励有条件的逐步实现主营业务资产的整体上市。2006 年 12 月, 国资委颁布了《关于推进国有资本调整和国有企业重组的指导意见》,"鼓励已经上市的国有控股公司通过增资扩股、收购资产等方式, 把主营业务资产全部注入上市公司"。在 2011 年, 国资委把工作重点放在推进央企集团整体上市上。在上市的资本市场选择上, 央企整体上市主要采取"境外加境内"的 A + H 模式进行。在这些政策文件的指导下, 国有企业改制上市工作稳步推进(见表 2)。

表 2   2000 ~ 2010 年国有上市公司数量   单位: 家

年份	上市公司数量	国有上市公司数量	非国有上市公司数量
2000	1083	829	254
2001	1138	850	288
2002	1205	883	322
2003	1266	868	398
2004	1355	855	500
2005	1357	832	525
2006	1414	839	575
2007	1528	870	658
2008	1625	891	734
2009	1774	981	793
2010	2129	1268	861

资料来源: 根据历年《中国证券期货统计年鉴》相关数据整理而得。

此外，国有公司特别是那些特大型国有公司，除了积极寻求在国内上市外，也开始到境外资本市场挂牌上市。资料显示，2007年以来，中海集运、中电国际、中国网通等大型国有企业先后在境外上市。2009年底，我国A股市场共有上市公司1718户，其中央企控股A股上市公司245户，其净资产、营业收入、利润总额分别占全部A股上市公司的34.3%、55.1%、37.8%。①

（二）优化公司治理结构

20世纪90年代至21世纪头10年，国有企业的产权改革使得所有者或出资人的身份有所明确，而以控制权为核心的公司治理问题也越来越引起了人们的关注，并逐步成为国有公司改革的新追求。

1. 基本政策

2000年9月试行的《国有大中型企业建立现代企业制度和加强管理基本规范》明确提出，国有及国有控股大中型企业内部要建立规范的法人治理结构，要依照《公司法》明确股东会或股东大会、董事会、监事会和经理层的职责，并规范运作。充分发挥董事会对重大问题统一决策和选聘经营者的作用，建立集体决策及可追溯个人责任的董事会议事制度。董事会中设独立于公司股东且不在公司内部任职的独立董事。董事会与经理层要减少交叉任职，董事长和总经理原则上不得由一人兼任。2003年10月，十六届三中全会通过了《中共中央关于完善社会主义市场经济体制若干问题的决定》（以下简称《若干问题的决定》），对公司制企业的领导体制即公司的法人治理体系的建设提出了要求。《若干问题的决定》指出，按照现代企业制度要求，规范公司股东会、董事会、监事会和经营管理者的权责，完善企业领导人员的聘任制度。股东会决定董事会和监事会成员，董事会选择经营管理者，经营管理者行使用人权，并形成权力机构、决策机构、监督机构和经营管理者之间的制衡机制。企业党组织要发挥政治核心作用，并适应公司法人治理结构的要求，改进发挥作用的方式，支持股东会、董事会、监事会和经营管理者依法行使职权，参与企业重大问题的决策。要坚持党管干部原则，并同市场化选聘企业经营管理者的机制相结合。

2. 具体实施

按照党和政府的基本政策要求，国资委作为国有公司的主要出资人和国

---

① 国企改革历程编写组. 国企改革历程1978—2018（上）[M]. 北京：中国经济出版社，2019：145.

有资产的监管机构，在推动国有公司治理上主要抓了如下几方面的工作：

首先，规范公司董事会的运作。比如，国资委要求国有公司每年至少召开 8～10 次董事会会议；董事会内要设立战略委员会、薪酬与考核委员会、提名委员会等各类专业委员会；设立董事办公室；建立健全董事会运作的各项规章制度，包括重大事项决策、选聘、考核和奖惩经理人员的制度等。

其次，建立健全外部董事制度。国资委要求所有国有上市公司按照证券监管机构的规定，在董事会成员中，外部董事要占半数以上，并根据国有公司的特殊性，规定外部董事主要选自中央大型公司和地方国有公司近期退休的具有管理经验和良好工作业绩的高级管理人员、境内外财会类大专院校的专家学者、高级管理人员。并对外部董事履行职责、薪酬、报酬及其他费用实行规范化管理。

再次，界定国资委的定位。国资委的工作主要在于指导公司的董事会，主要包括：评价、监督董事会，问责董事，敦促董事会向股东提供信息等。

最后，发挥党组织在公司治理中的作用。由于党委会和董事会、经营班子所承担的责任不同，决策机制也不同。因此，国资委要求公司党委讨论公司重大事项时，主要从政治上把关，保证党的方针政策在公司内的贯彻落实，但不能代替董事会的决策。公司内部董事、经营班子成员符合党委委员条件的可以进党委，党委委员中符合条件的也可以进入董事会或进入经营班子。

在国有公司建立规范的董事会过程中，也暴露出一些突出的问题：

第一，董事会的权力配置。由于国有公司董事会主要由内部的执行董事组成，独立董事占比很低。以上市公司为例，其独立董事平均的比例仅占董事会人员总数的 35%。国有股东的代表基本上控制了董事会，董事会的内部人控制现象非常普遍。根据上海证券交易所研究中心的调查，经国有股东提名并当选的董事人数平均超过 45%；不考虑独立董事，来自国有股东的董事平均占公司董事会成员的 60% 以上。

第二，董事会的专门委员会。国有上市公司董事会的各种专业委员会，由于独立董事人数不足，通常一个独立董事需要在多个专门委员会任职，从而使得专门委员会难以有效展开工作；而且，专门委员会运作缺乏足够的信息知情权和调查权。

第三，董事长与总经理的关系。由于这些改制公司都有行政级别，其董事长和总经理都是由国资委其或中组部任命，董事会并不具有直接解聘总经理的权力。在董事会尚不具有战略决策的事实权威时，在董事长与总经理分置的状态下，两者的矛盾通常会大于合作。尤其是这些企业都是从过去的经理负责制改制而来，决策层与执行层之间实际上并没有形成一条截然分明的界限。董事长干预公司的具体运作，而总经理过多干预公司的战略制定等，都会形成董事长与经理层之间的对抗。

第四，"新三会"与"老三会"的关系。由于国有企业中的新、老"三会"在设置目的、性质和功能上存在很大差异，在运行中必然导致协调上的矛盾。主要表现在内部权责交叉而产生的矛盾，比如按照"党管人事"的原则，党委会具有人事选拔权，这与股东大会和董事会的权利相交叉，在选人的问题上，往往出现矛盾，而一旦出现人事任免不当，造成经济损失，责任追究往往不到位。

第五，国有公司的独立董事制度。90%的独立董事是由第一大股东提名的。

此外，国资委同时也在积极推进构建国有公司的监督体系和机制，比如国有企业特有的监事会制度。

21世纪头10年的国有企业改革，尽管由于国资委的设立而形成了统一的产权主体，但由于国资委作为国有资产的"出资人"，既担当着国有资产的监管者，又担当着"出资人"等多重角色，这就意味着国有产权真正的所有者依然并未彻底找到。尽管国资委在努力构建国有公司的治理结构，但包括并不清晰的"所有者""经营者"甚至监管者所形成的治理关系难以规范运行。解决这些突出问题自然成为下一阶段的历史使命。

四、混改——优化产权结构和治理结构并举

经过21世纪头10年的国有企业深化改革，一个比较全面、相对明确和统一的所有者或出资人初步形成。不过，仍然有一部分处于重要领域的国有企业的所有权没有被触及。而国有公司的治理结构问题，特别是由于一些国有公司因为一股独大而造成的治理结构不合理问题，逐步上升为社会最热切的关注。这就客观上形成了要求结合企业股权结构的优化而优化其治理结构的新社会诉求。

（一）混改政策的形成

在新的社会诉求和偏好已经形成的背景下，国家开始确立新的国有企业改革的方针政策。

1. 基本方针的确定

对国有企业实行混合所有制改革是2013年党的十八届三中全会的"关键

词"，全会通过的《决定》明确指出："积极发展混合所有制经济。国有资本、集体资本、非公有资本等交叉持股、相互融合的混合所有制经济，是基本经济制度的重要实现形式，有利于国有资本放大功能、保值增值、提高竞争力，有利于各种所有制资本取长补短、相互促进、共同发展。允许更多国有经济和其他所有制经济发展成为混合所有制经济。国有资本投资项目允许非国有资本参股。允许混合所有制经济实行企业员工持股，形成资本所有者和劳动者利益共同体。"2017 年党的十九大再一次明确指出要发展混合所有制经济。积极推进主业处于充分竞争行业和领域的商业类国有企业混合所有制改革，有效探索重点领域混合所有制改革，在引导子公司层面改革的同时探索在集团公司层面推进混合所有制改革。推动国有企业改制上市，根据不同企业功能定位，逐步调整国有股权比例。在取得经验基础上稳妥有序开展国有控股混合所有制企业员工持股，建立激励约束长效机制。鼓励包括民营企业在内的非国有资本投资主体通过多种方式参与国有企业改制重组，鼓励国有资本以多种方式入股非国有企业，建立健全混合所有制企业治理机制。

2. 主要政策文件

在党的十八届三中全会做出"混改"的重大决策后，"混改"逐步转入实施阶段，包括国务院有关职能部门和各级政府按照自上而下的方式制定了一系列的政策文件，同时精心挑选试点企业。

2015 年 8 月，国有企业改革的纲领性文件《关于深化国有企业改革的指导意见》正式发布，标志着新一轮国有企业改革政策设计拉开了帷幕。此后，围绕这一纲领性文件，国务院相关职能部门相继发布多份细则性政策文件，形成了所谓的国有企业改革顶层设计的"1+N"政策文件体系。通过整理，发现共制定并下发文件 18 个。与此同时，各级地方党和政府也相应制定了一些政策文件，初步统计，目前有关国有企业改革的文件达到 200 多个。其中与国有企业实施混改关系最紧密的主要有 4 个文件：中共中央、国务院《关于深化国有企业改革的指导意见》（2015 年 8 月 24 日），国务院《关于国有企业发展混合所有制经济的意见》（2015 年 9 月 23 日），国资委、财政部、证监会《关于国有控股混合所有制企业开展员工持股试点的意见》（2016 年 8 月 2 日），国资委《以管资本为主推进职能转变方案》（2017 年 4 月 27 日）。通过对这一系列文件的梳理和解读可以发现，它们从不同角度具体规定了国有企业混改的重点、实施方式以及一些限制性条件。

首先，明确划定了混改的重点。中共中央、国务院颁发的《关于深化国有企业改革的指导意见》中提出：（1）主业处于充分竞争行业和领域的商业类国有企业，原则上都要实行公司制股份制改革，积极引入其他国有资本或各类非国有资本实现股权多元化，国有资本可以绝对控股、相对控股，也可以参股，并着力推进整体上市。（2）要加大国有企业集团层面公司制改革力度，积极引入各类投资者实现股权多元化，大力推动国有企业改制上市，创造条件实现集团公司整体上市。（3）健全公司法人治理结构，重点是推进董事会建设，建立健全权责对等、运转协调、有效制衡的决策执行监督机制。（4）深化企业内部用人制度改革。建立健全职业经理人公开招聘、竞争上岗等制度。（5）以管资本为主改革国有资本授权经营体制。改组组建国有资本投资、运营公司，探索有效的运营模式。

其次，混改实施的具体方式和途径。在国务院发布的《关于国有企业发展混合所有制经济的意见》中，着重指出了国有企业实施混改的主要方式和途径：（1）直接引入非国有资本（包括外资），即通过鼓励非国有资本投资主体出资入股、收购股权、认购可转债、股权置换等多种方式，参与国有企业改制重组，参与国有控股上市公司增资扩股。（2）引导在子公司层面有序推进混合所有制改革，通过引入非国有资本参与国有母公司层面的所有权改革；同时，国有产权也可以对发展潜力大、成长性强的非国有企业进行股权投资。（3）探索实行混合所有制企业员工持股。（4）有序吸收外资参与国有企业混合所有制改革。引入外资参与国有企业改制重组、合资合作，鼓励通过海外并购、投融资合作、离岸金融等方式，充分利用国际市场、技术、人才等资源和要素，发展混合所有制经济。（5）推广政府和社会资本合作（PPP）模式。优化政府投资方式，通过投资补助、基金注资、担保补贴、贷款贴息等，优先支持引入社会资本的项目。

再次，实施混改的限制性条件。（1）主业处于关系国家安全和国民经济命脉的重要行业与关键领域、主要承担重大专项任务的商业类国有企业，要保持国有资本控股地位，支持非国有资本参股。（2）公益类国有企业以保障民生、服务社会、提供公共产品和服务为主要目标，引入市场机制，提高公共服务效率和能力。这类企业可以采取国有独资形式，具备条件的也可以推行投资主体多元化，还可以通过购买服务、特许经营、委托代理等方式，鼓励非国有企业参与经营。（3）实施职工持股的企业必须满足如下条件：主业处于充分竞争行业和领域的商业类企业；股权结构合理，非公有资本股东所持股份应达到一定比例，公司董事会中有非公有资本股东推荐的董事；公司治理结构健全，建立市场化的劳动人事分配制度和业绩考核评价体系，形成管理人员能上能下、员工能进能出、收入能增能减的市场化机制；员工持股总量原则上不高于公司总股本的30%，单一员工持股比例原则上不高于公司总股本的1%。实施员工持股后，应保证国有股东控股地位，且其持股比例不得低于公司总股本的34%。实施员工持股，应设定不少于36个月的锁定期；营业收入和利润90%以上来源于所在企业集团外部市场，等等。

最后，未来三年国有企业混改的时间表与路线图。过去出台的一系列涉及国有企业混改的政策文件，并没有拟定出详细的时间表和路线图。2019年11月12日，中共中央政治局委员、国务院副总理、国务院国有企业改革领导小组组长刘鹤，主持国务院国有企业改革领导小组第三次会议并讲话，强调未来三年是关键的历史阶段，要落实好国有企业改革顶层设计，抓紧研究制定国有企业改革三年行动方案，明确提出改革的目标、时间表、路线图。要聚焦于全面增强国有经济竞争力、创新力、控制力、影响力、抗风险能力。

（二）混改的试点与推广

经中央同意，2014年7月国资委在中央企业中启动了"四项改革"试点，即分别改组、改建中央企业国有资本投资公司试点，混合所有制改革试点，董事会行使高级管理人员选聘、业绩考核和薪酬管理职权试点，派驻纪检组试点。

在"四项改革"试点的基础上，国务院国有企业改革领导小组又于2015年12月组织实施了"十项改革"试点。主要包括：落实董事会职权试点，市场化选聘经营管理者试点，推行职业经理人制度试点，企业薪酬分配差异化改革试点，国有资本投资、运营公司试点，中央企业兼并重组试点，部分重要领域混合所有制改革试点，混合所有制企业员工持股试点，国有企业信息公开工作试点，剥离企业办社会职能和解决历史遗留问题试点。并选择2~3家中央企业整体推进所办教育机构深化改革试点，选择2~3个城市开展国有企业退休人员社会化管理试点。[①]

在上述两类改革试点的基础上，2016年9月，国家发改委决定东航集团、联通集团、南方电网、哈电集团、中国核建、中国船舶等9家央企作为混改首批试点。2017年，第二批混改试点企业10家。这些企业涉及配售电、电力装备、高速铁路、铁路装备、航空物流、民航信息服务、基础电信、国防军工、重要商品、金融等重点领域，都是行业内的代表性企业。从股权结构看，

---

① 国企改革历程编写组. 国企改革历程 1978－2018 ［M］. 北京：中国经济出版社，2019：603.

混改试点企业要从国有独资改为国有绝对控股，从国有绝对控股改为国有相对控股等。混合模式包括民企入股国企、国企入股民企、中央企业与地方国企混合、国企与外资混合，以及 PPP 模式等。2018 年，第三批混改试点企业 31 家，其中中央企业子企业 10 家，地方国有企业 21 家。2019 年 5 月，第四批混改试点获批，共有 160 家企业，其中中央企业 107 家，地方国有企业 53 家，涉及企业资产 2.5 万亿元。

与此同时，国资监管方面实行转变国资委职能和探索国资投资、运营公司的试点，限于篇幅，这里不再赘述。

从混改的过程看，改革的重点逐步集中于使不同类型产权主体聚合于过去的国有企业之内，并在此基础上使得新公司的治理结构更规范和更合理。

五、主要结论

第一，关于国有企业改革的社会偏好或诉求，是在改革历史的进程中经过大量的博弈而内生出来的，它代表了当时大多数人的意志，而且改革会获得多方支持；而人为预先设计的改革方案，外生于社会偏好，不可能准确反映社会的客观诉求，这会影响改革的动力。

第二，上期改革的结果会成为下期改革的禀赋和约束条件，而这些禀赋和约束条件的具体状况，在一定程度上影响着后期改革的路径选择。

第三，国有企业改革过程中形成的"试点—经验总结—形成政策—全面推广"，是演化逻辑在中国的具体实践，为演化经济学的发展提供了中国经验。

参考文献

[1] 国企改革历程编写组. 国企改革历程 1978 – 2018［M］. 北京：中国经济出版社，2019.

[2] 杰弗里·M. 霍奇逊. 演化与制度：论演化经济学和经济学的演化（中译本）［M］. 北京：中国人民大学出版社，2017.

[3] 剧锦文. 改革开放 40 年国有企业所有权改革探索及其成效［J］. 改革，2018（6）.

[4] 剧锦文. 国企混改任务、障碍的内生性及其出路［J］. 天津社会科学，2018（5）.

[5] 剧锦文. 国有企业推进混合所有制改革的缔约分析［J］. 天津社会科学，2016（1）.

[6] 理查德·R. 纳尔逊，悉尼·G. 温特. 经济变迁的演化理论（中译本）［M］. 北京：商务印书馆，1997.

［7］ 刘凤义. 中国国有企业60年：理论探索与政策演进［J］. 经济学家，2010（1）.

［8］ 萨缪·鲍尔斯. 微观经济学：行为，制度和演化（中译本）［M］. 北京：中国人民大学出版社，2006.

［9］ 邵宁. 国有企业改革实录［M］. 北京：经济科学出版社，2014.

［10］ 岳清唐. 中国国有企业改革发展史（1978 – 2018）［M］. 北京：社会科学文献出版社，2018.

［11］ 张文魁，袁东明. 中国经济改革30年——国有企业卷（1978 – 2008）［M］. 重庆：重庆大学出版社，2008.

数字时代下竞争政策制度框架的
适用性争论及其启示

方　燕[*]

　　摘　要　本文系统梳理了欧美竞争政策体系在数字时代的适用性争论及其背后的缘由，及其对中国数字反垄断执法的启示。不同司法辖区和学科背景的人持有不同态度。欧洲大陆倾向于认为竞争制度设计无法应对数字变革带来的新挑战，呼吁做出相应回应。北美更倾向于笃定现有反托拉斯制度和机构的自我包容和进化能力，基本认定现有竞争体系能应对新挑战。欧美司法辖区的观点差异源于司法传统的差异、着眼点和心态差异。北美强调对主导企业的反托拉斯干预会抑制大企业研发创新激励，而欧盟强调主导企业的行为抑制中小企业研发创新激励。着眼点的差异源于对市场运行是否良好的不同判断。欧盟反垄断立法执法过于激进是欧盟在数字经济领域"迷失"、缺乏科技大企业的一大原因，也被指责涉嫌反垄断政治化。对欧美竞争政策适用性探讨有助于中国准确把握国际数字竞争监管新动向，坚定竞争立法司法执法信念，为反垄断法修订和竞争执法司法提供重要指引。

　　关键词　数字变革　竞争政策　竞争与创新　大数据　竞争效应

一、引　言

　　作为以计算机和网络通信为代表的现代信息技术革命催生的新式经济社会形态，作为第三次工业产业革命的产物，互联网新经济从 20 世纪 90 年代

---

　　[*]　方燕，阿里研究院。

初兴起以来，就相对传统的农业经济和工业经济而呈现出诸多新特征、新现象和新规律，互联网和科技企业成为一个重要话题。同时，随着 2008 年金融乃至经济危机后互联网过渡到移动互联（乃至智能互联）时代、科技巨头霸占全球市值 Top10 榜单，让互联网和科技企业成为话题焦点。在此过程中，互联网变革让一些人感觉经济规律已变，传统经济学已失效。国内著名学者江小涓（2017）指出，互联网经济对传统经济理论提出挑战，促使其需要创新发展。中国社会科学院李杨和著名经济学家张曙光等一些国内政学界大佬 2017 年 7 月开始齐发声，总结了"互联网与新经济"发展带来的种种挑战和机遇，认为全部经济学因为互联网都要重写，呼吁要革新已有的经济学理论。中国信息经济学原理事长杨培芳也指出，互联网动摇了传统的新古典经济学①的基石。在第六届竞争政策论坛中，国务院反垄断委员会专家咨询组前召集人张穹教授和组长黄勇教授也认为，原先适用于传统行业的反垄断工具已不适用互联网数字经济，执法机构需调整反垄断执法工具和思路。2021 年 4 月 30 日黄勇教授在第 13 届全国人大常委会第 23 次专题讲座中进一步明确，反垄断框架在数字变革下仍适用，只是需要优化竞争规则和工具。

早在 20 世纪 90 年代初，美国学术界就曾对新经济时代下的经济学革命产生过热议。欧美学术界的主流观点不同于国内学术界的看法。夏皮罗和瓦里安（Shapiro & Varian，1999）指出，"技术会变，但经济规律不会变"；解释信息技术变革兴起的新经济，无须完全摒弃传统经济学，只需适时修正、拓展和完善即可。瓦里安、法雷尔和夏皮罗（Varian，Farrell & Shapiro，2005）坚持此主张，进一步论述信息技术经济学的诸多特征及其经济技术规律。利博维茨（Liebowitz，2002）则探索了驱动数字市场的真正力量，重新思考了网络经济新业态。尽管科技公司采用的某些经济行为已经涉及既有竞争法和经济学中有关创新与竞争间的关系、寡头竞争、共同支配地位、轴辐协议、协同行为和剥削性滥用等最薄弱之地（Akman，2019），但是总体上而言，现代经济理论还是能够应对解释数字现实的挑战（Baker et al.，2018）。自从芝加哥学派批判后，经济学业界已经开发出许多工具，足以识别和测度反竞争行为。经济学至今仍能解释，为何不能想当然地做出如此之假定，如认为市场自我矫正足以抵抗垄断和合谋、排他性纵向行为不应仅仅是单一垄断利润的存在而视为反竞争，以及较为集中的市场中的绝大多数并购有效率

---

① 新古典经济理论常被认为基本上基于向下倾斜的需求曲线，以及高度抽象的竞争模型（并未牢固地建立在任何特定的制度环境之下）。

和促进经济等（Baker et al. ，2018）。

与经济学理论适用性紧密相关的是竞争制度设计在数字时代的适用性。在数字时代和民粹主义时代下反垄断和竞争政策体系的适用性探究成为一个热门的政策话题。以欧美中三大司法辖区为代表的国家或地区都在探讨，现有的竞争政策法规和机构设置能否应对互联网变革带来的新挑战？重塑竞争经济是否还需重构反垄断范式？本文将系统梳理欧盟和美国的竞争法学家、政府官员和经济学家们对这些问题的不同主张，并对比剖析欧美主流观点差异的背后原因，以此警示中国在反垄断法修订过程中的应然选择，为国内落实强化反垄断执法和防范资本无序扩张的主基调提供理论指引。

二、悲观一方：现有竞争制度根本无法
胜任数字变革，亟须重构

（一）欧美学者质疑竞争政策体系适用性的缘由

自新千年伊始的微软案后，有不少学者探讨现有政策法规（尤其是竞争法）是否足以应对互联网变革带来的新挑战。当时有学者认为，新时期下经济发展太快，以致反垄断补救措施不能充分有效（Crandall & Winston，2003）。反垄断补救措施的无效性被认为是微软案带给我们的一个教训（Page，2009；Page & Childers，2007/2008，2009）。科技企业的竞争（赢者通吃为市场而竞争、寡头竞争、跨界竞争、动态竞争等）运行的方式挑战着对市场界定、市场势力、单边行为和协议行为之间和纵向限制于水平限制之间的区别等的传统理解；针对反竞争行为的原有分类方法也面临技术公司的商业模式的挑战，以致对这些行为的效应分析至关重要。反垄断规则根本不应该适用于以研发创新和动态竞争为重要特征的经济环境，否则会对创新和竞争带来潜在的抑制效应（Spulber，2008）。

在欧盟境内，有关既有竞争政策已失效而需新理念、新工具的观点深受欢迎。欧洲有些官员和学者认为，由少数企业把持的高市场份额意味着行为滥用；有一些平台扮演着守门员角色，创造了竞争性"瓶颈"而阻止了其他在线服务供应商触达潜在用户（De Pablo，2015）；由于网络外部性倾向于形成大规模，市场动态性可能导致一家平台主导局面，牺牲了其他竞争性平台等。他们质疑现有法律体系和执法机构的设置处理在线平台带来的新挑战的能力，提出对在线平台进行新的事前监管的愿景（Chisholm & Jung，2015）。

一方面，法国政府某官员在 2014 年就职演说中认为竞争法不足以应对互联网平台，建议要进行双管齐下：既要给竞争法引入诸如事中预防措施等新工具新理念，还要出台专门法律法规。法国学者加布里埃尔和马克龙（Gabriel & Macron，2015）以数字平台市场结构对经济的重要性为由直接向欧盟委员会（EC）建言类似的主张。另一方面，德国政府官员（Jeevan Vasager et al.，2014）也向 EC 建言应当事前规制在线平台及其运营商。为了积极回应数字变革带来的挑战，德国政府开始推动德国反限制竞争法的第十次修订草案，明显加大对跨平台经营者的关注，重视数据在竞争中的作用和地位。其重大修改点有新增运用数据的能力考量因素、引入中介平台力量和显著跨市场影响经营者概念、放松相对优势地位的认定和增加相对优势地位滥用情形等。德法两国都强调要落实平台中性责任、拓展现有规制机构功能或新建平台规制机构，以及全面修改现有竞争法和政策。

作为欧盟境内专职的竞争政策执法机构，EC 从 2011 年开始与 Google 商讨如何通过富有约束力的承诺来打消垄断顾虑。2014 年 Google 就自己当前和未来的专业化服务业务承诺做出三道补救：用图示标注 Google 自家服务来及时告知用户；区分 Google 服务与通用性搜索结果；在显著位置以一个与导向自家服务同等明显的方式展示三条导向三个专业搜索服务的链接。正如 EC 前竞争事务专员华金·阿穆尼亚（Joaquin Almunia）所言，EC 的目的不是干涉 Google 搜索算法而是确保其他搜索平台能与 Google 公平竞争。随着 2014 年新任竞争专员玛格丽特·维斯塔格（Margrethe Vestager）的到任，EC 看法和态度发生显著变化。

EC 最初却没有那么激进，抱有更加缓和、稳重的态度，认为可以采用未来可能要规制的眼光来审视在线平台市场。EC 尝试将互联网规制作为数字单一市场计划的一部分来进行审视，发起了一次针对在线平台的公共讨论，征集到从让既有竞争法重新适用数字时代、出台规范在线平台行为的全新法律，到扩展电信规制机构和法规以适用在线平台等诸多建议。这些建议反映了欧盟成员国对规制 FAMGA① 这五大全球性平台巨头可能持有的态度（Mirani，

---

① GAFA 是 Google、Apple、Facebook 和 Amazon 的英文首字母统称，如包括微软，则统称为 FAMGA。FANG 是 Facebook、Amazon、NetFlix 和 Google 的英文首字母统称，如包括 Apple 公司，统称为 FAANG。总之，GAFA、FAMGA、FANG 和 FAANG 都延伸性地代表来自美国的国际性互联网科技公司。BAT 是 Baidu、Ali 和 Tencent 英文首字母统称，则代表来自中国的互联网科技大公司。其实，这些术语背后不排斥其他各行业大型或增长迅速的科技企业，如国外的 Uber、Airbnb、Booking.com 和 Deliveroo 等，以及国内的京东、小米、滴滴出行、美团大众点评、携程、字节跳动等。这些企业同样有平台性业务，也有其他传统模式下的业务。

2015）。以 EC 为代表的公共组织机构认为可以重新审视互联网规制和反垄断政策，就在线平台开展公众研讨和辨析，后续决定政策主张和应对策略。目前整个欧盟的具体态度仍摇摆不定，采用全新规制理念来规范在线平台的语气趋于缓和。

深受德国竞争秩序主义影响的欧盟及其成员国本身就缺乏国际性科技巨头，几乎一边倒地反对市场集中、抵制国际互联网巨头高利润等。与此不同，对于不断孕育出全球性科技巨头的美国境内，相关机构、学者和民众在对互联网经济和科技企业的竞争形势和法律适用问题上的态度相对而言就没有那么一致，争议很大，支持和反对双方的相对力量也在随时变化（Kennedy，2017）。

随着数据越加凸显重要性，现有竞争政策不适用于互联网情景、执法机构缺位等论断在北美更加频繁地出现。先后就职美国 FTC 和纽约总检察长办公室的竞争法教授吴（Wu，2010）在《华尔街期刊》发出这样一个广受引用的言论，"难以避免这样一个结论：我们生活在一个大信息垄断的时代"，"竞争法不足以应对互联网平台"。竞争法领域最新名著《大数据与竞争政策》指出，数据特别是大数据是一种独特的生产要素，需要独特的反垄断分析方法（Tucker，2015；Manne & Sperry，2015；Ohlhausen & Okuliar，2015；Stucke & Grunes，2016）。这是因为，既然大数据是指由于数据相对规模、异质性或数据价值衰竭速度等原因而无法借助传统数据系统来处理的数据集（Castro & Korte，2013），从海量数据中提炼价值的能力将会赋予数据掌控者一个竞争优势使其能做出更好的行为决策（Stucke & Grunes，2016）。

特别是，施图克和格伦斯（Stucke & Grunes，2016）基于大数据时代情景系统地批判了当前竞争制度的弱点所在，尤其强调其中两点。首先，即便经典的竞争政策往往有良好的工具箱（如 SSNIP 等）来评估并购交易或反竞争行为的价格效应，但是许多牵涉数据的市场和行为不涉及价格，特别是以提供免费服务为常态的互联网平台，因而竞争执法机构应拿出更大精力来充分评估非价格竞争（如产品服务质量、隐私保护等）的恶化带来的影响，尤其是评估和测度产品质量恶化的可能性及其对消费者的影响。其次，即便所谓的免费服务源自个人数据出让和隐私放松而无法认定为真"免费"，但是由于缺乏足够的透明度，消费者根本不知道自己实际让渡了多少。后面论述既有竞争政策具有适用性的部分，将会对这两点关切给出回应，认为这两点是站不住脚的。

此外，纽约大学法学教授纽曼（Newman，2014）特别强调，对用户数据的控制帮助科技企业（如 Google① 等）将垄断势力拓展至其他领域，损害消费者福利。作为对 Google 支配地位的补救，他建议三种办法供选择：一是规制或披露 Google 搜索算法；二是降低 Google 对整个用户数据的把控、通过武装用户来帮助形成真正的用户数据交易市场；三是给 Google 施加诸如搜索或平台中性之类的公共利益责任要求，约束其对消费者福利的伤害。显然，这三种思路都不合意：强制要求中性原则面临操作困难和阻碍研发创新等问题；强制披露搜索算法可能触犯其商业机密和动摇其原本的竞争优势之基石（Argenton & Prüfer，2012；Bork & Sidak，2012）；规制搜索算法及其变动可能面临一个迫使 Google 难以跟上商业快节奏步伐和阻碍研发创新的潜在风险。强制要求分享相关搜索数据以培育搜索引擎市场竞争的思路，基于这样一个假设前提，那就是其他竞争性搜索引擎难以获取用于推出更优质的搜索算法所需的足够数据，而无法赶上或超越 Google 搜索，因而开放搜索数据有助于帮助竞争对手开发出更好的搜索算法，提升搜索引擎市场中的竞争压力（Argenton & Prufer，2012）。还存在一种更极端做法：强制拆分和分割 Google 的搜索业务。业务拆分对研发创新和消费者利益的消极影响，远高于搜索中性规制要求。英格伦（Ingram，2010）对互联网竞争持有的观点类似于吴（2010）和纽曼（2014），但是相对缓和一些。

《经济学人》杂志在 2017 年 5 月 6 日②指出，互联网公司对数据的掌控已经帮助其获得了巨大力量；原来石油时代建立的旧式竞争认识在当前的数字经济时代下已经过时，需要一个新办法来适应新时代。现有的反垄断制度设计还无法应对与科技巨头相关的许多重大社会和政治问题（对消费者隐私的威胁、对网络和数据安全的侵害等），因而在互联网领域的并购审查时，不能只是简单考察竞争政策中只涉及保护竞争的一般原则（Shapiro，2018）。

（二）竞争法学家视域下的互联网潜在扭曲

很早就有人认为，在现代互联网经济下更有可能出现反竞争的滥用行为，扼杀研发创新和损害消费者利益，因而反垄断执法者更应在这样的领域发挥作用（Shapiro，1999）。互联网领域的著名竞争法学家扎拉奇和施图克（Ezrachi & Stucke，2017）指出，尽管高度分散化的互联网时代令人着迷，但是隐藏其中的各种扭曲风险和损害同样不可忽视，并总结提炼出四个潜在扭

---

① 严格而言，是 Google 的母公司 Alphabet。下同。
② The World's Most Valuable Resource is no Longer Oil, but Data [J]. The Economist, 2017 (5).

曲表现：

1. 质量恶化

主导性平台运营商通过给予用户极其有限的外部选择或施加居高不下的转移成本，使得服务质量被恶化。一个典型例子是 Google 事件中有关搜索质量恶化的担忧。质量恶化的一类典型表现是，作为质量竞争维度的隐私保护力度弱化。主导平台将用户隐私和数据安全的程度置于竞争性水平之下，让所收集到的个人特征和行为数据量高于竞争性水平。

2. 财富向数据垄断者转移

即便互联网领域许多产品服务以所谓的免费形式供应，但是数据垄断者仍能通过诸多方式从消费者（用户）手中剥夺巨大财富，比如未支付与数据的市场公平价值量对等的价格就获得个人数据、免费从用户手中获得创造性的 UGC 数字内容，以及利用海量数据实施歧视性定价等行为歧视进行剩余瓜分。数据垄断者还能从上下游的要素提供企业中抢夺财富，如垄断数据的大平台企业从摄像师、作者、音乐人和其他网站中抓取富有价值的数字内容，然后将之呈现在自己的平台上。再如，同时扮演平台服务商和平台内经营者的数据垄断者利用平台服务上的优势地位，在平台内经营环节通过复制对手的产品或经营模式等手段谋取其他竞争对手的本有利润。

3. 向独立第三方强加成本

掌控着关键性平台（如智能终端操作系统、主导性搜索引擎、购物商城和应用商店等）的企业经常被指实施偏袒性排斥行为，比如不惜以牺牲平台内其他竞争性服务供应商和违背消费者意愿为代价，将用户和广告商引导至自家服务业务上。Google 搜索和购物比价中介业务都因偏袒自家业务而被 EC 反垄断调查。再如有意恶化独立的应用开发商提供的 App 应用的功能和性能；通过在主导性平台更难定位到独立的应用开发商的 App 应用来降低通往这些独立应用的通道便利性等。有些数据垄断者也会给寻求迎合用户隐私保护诉求的中小科技企业（尤其是初创企业）施加额外成本，比如 Google 将隐私应用 Disconnect 踢出安卓应用商店。尽管这些例子中被告都能宣告如此做的诸多理由，但是在执法者看来向独立第三方施加额外成本的可能性乃至事实是不可能抗辩的。

4. 激发消极性研发的蓬勃涌现

虽然数据垄断者还拥有从事研发创新的激励和能力，但是采取的方式可能是以违背消费者和市场利益为代价的，比如滥用数字技术增加用户参与自家平台或排他性服务的程度。数据垄断者通过霸占自家核心专利的边缘地带，以这种所谓空间先占式研发帮助，给核心专利筑建起护城河。

（三）新布兰代斯学派视域下超级平台势力表现和根源

2017 年在美国兴起的新布兰代斯学派，激起了猛烈的新进步式反垄断运动，力主加强数字监管，反思反垄断政策目标和呼吁更多的管制（Khan，2017；Wu，2018）。网站服务平台能以一种现代反垄断体系不足以克服的方式伤害竞争（Khan，2017）。新布兰代斯学派尤其忌惮互联网科技巨头当前独享的优势地位的平台势力。代表性人物可汗（Khan，2017）总结梳理了平台势力的三类主要表现及其根源，提出应对这三类平台势力的潜在思路。

1. 守门员地位

平台势力首先体现为源自主导平台在数字市场有效扮演触达终端用户（包括消费者、开发商、广告商等）的基础设施角色所形成的守门员地位。守门员地位能轻易就转变为带有强大市场势力的支配地位，让守门员获取到高额利润。主导平台（如 GAFA/FANG 和 BAT）控制着其他科技企业在数字经济中从事商业活动所倚重的技术和用户资源，而主导平台独享的这种市场控制力又得到由网络效应和在自我增强的数据优势所构建起的进入壁垒的巩固。这种牢不可破的地位促使它们的价值迅速攀升，也致使新进入者如想参与竞争，只能选择被巨头并购或站队这条道。守门员地位不单单意味着主导性平台是数字世界的关键性中介，更意味着它们在诸多情境下是唯一选择。主导平台孕育着太多商机和吸噬着太多眼球，以致其他企业根本无法绕过它们而生存和发展。主导平台运营商（如 FAMGA 和 BAT 等）不单单能借助守门员势力从高度依赖于自身平台的商业性用户手中，榨取到更优惠的交易条件（更高的提成比例、更低的成本分担和更低的责任承担等），还能延展守门员势力，限制和抑制独立第三方私自抵及用户端的能力[1]，更能重塑网络空间中新闻内容的生产及其推送[2]。对于网络型产业（如铁路、电信和电力等）中的守门员势力，自古以来通过施加公共承运规则（比如基础设施教条及其网络中性原则）来应对，这一思路对于互联网领域同样适用。

---

[1] 比如，亚马逊密切监控亚马逊 Marketplace 平台上的商家与用户间的交流，惩罚将消费者引导至自家独立网站或其他销售渠道的商家。从苹果和腾讯微信打赏事件也可以了解到苹果时刻监督其他入驻应用在自家平台和应用商店守规情况，及时抑制微信读者打赏过程中未上交提成费等现象。

[2] 高度依赖于 Facebook 和 Google 发布渠道的现实，使出版商只能依据 Facebook 和 Google 平台算法的要求来编排和发布新闻内容。"Facebook 和 Google 已经成为新闻行业的主要规制者。"对于国内，腾讯和百度（某种意义上也包括今日头条和快手等）也是如此。

2. 杠杆化

平台势力的第二个体现是源于互联网科技巨头跨市场一体化带来的杠杆化。杠杆化使得主导平台运营商能将其平台在主营业务上的优势地位拓展至其他相关甚至无关的市场领域，形成杠杆势力。通过将平台置于接入、使用和依赖本平台设施的其他企业的竞争性业务环境并发动竞争，主导平台一体化引起了自己与其他企业间的严重利益冲突，激励着主导平台将自家相关的产品服务优先置于其他独立第三方的相应产品服务，违背中立、非歧视的原则。偏向于自身服务而变相歧视对手产品之举，正是2017年EC对Google比价购物服务业务进行处罚的一个重要原因。解决杠杆势力的主要做法是，借助结构性分拆和预防性禁止来限制主导平台进入不同服务领域的能力，从而限制这些企业的平台势力拓展至其他领域。结构性分拆的做法防止了主导平台涉足将自己置于与使用自家平台的企业直接竞争的境地的服务业务，有助于消除主导平台在同时运营基础设施渠道和基于渠道开展的相应服务时面临的利益冲突。结构性分拆与公共承运规则一样，曾经是解决网络垄断势力和其他因在经济中扮演类似于基础设施的角色而形成的势力的主流手段。预防性结构禁止曾用于铁路、电信运营商、电视网络和银行等领域。

3. 信息滥用

第三个体现是主导平台在多个市场收集和运用海量的多样性数据所致的信息滥用势力。主导平台运营商不仅能利用有关用户特征和行为的海量数据去实施歧视行为（如第一价格歧视），阻止基于主导平台业务所孕育出现的商业活动，还带来了明显的个人隐私侵害威胁。也就是说，信息滥用势力兼具信息海量性和安全脆弱性。信息滥用不是体现为主导平台借助于开发利用数据信息所引入的诸多竞争性产品，而体现为主导平台与其他竞争者进行竞争时采用的策略是基于双方间显著的信息不对称。主导企业在对手"起飞"前对其进行"狙击"（如低价并购、交叉持股式站队或对其服务/模式进行模仿式复制等）的能力，本身就意味着主导平台能有效地摧残正在萌芽的敌对力量（Cremer et al.，2019）。模仿式复制做法的一个典型实例是2018年腾讯"封杀"抖音和快手等短视频链接并复制性推出同功能的微视产品。

解决信息滥用面临更多挑战。过去，强制信息披露和对私人收集的信息进行公共审计就能部分地缓解甚至完全克服信息滥用问题。但是在数字时代不再能做到此点。因为平台的信息滥用势力拥有信息海量性和安全脆弱性的新特点。这使得解决信息滥用势力的话题，部分是结构性的，需要通过让集中的数据分散化才能缓解数据安全威胁；部分有关于基于数据的商业模式。

信息滥用不单单引致了数据安全和用户隐私问题，还引致了竞争缺乏的潜在问题。收集主导平台上发生的商业活动的海量数据让平台运营商获得信息优势，能用于挖掘新的商业洞见或扼杀相关产品领域上的无谓竞争，榨取尽量大比例的交易价值。可见，解决信息滥用势力的思路和方式并非直接性的。一种思路是规制主导平台运营商的行为，对收集的数据种类和使用方式进行限制。比如，引入像欧盟通用数据保护规制那样的隐私规制体系，或者干脆禁止主导平台使用从自家平台收集而来的数据来开发无关于自身主营业务的新业务。这些规制思路只有在已经解决了平台的结构性问题的前提下才有效，而平台的结构性改革有多种举措，比如通过废除和追溯可能阻止竞争的、已经发生的并购交易（如 Facebook 并购 Instagram 和 WhatsApp、滴滴并购快的、滴滴并购 Uber 中国、美团并购大众点评、饿了么并购百度外卖、阿里并购饿了么、携程并购艺龙和去哪儿网等），抑或收紧（甚至禁止）未来的并购行为和赋予用户对自身数据产权来重构平台市场竞争秩序；强制要求社交网络和搜索引擎等主导平台剥离各自的广告网络业务以终结其基于监控用户和对手的商业模式；禁止主导平台进入需借助其平台才能发展的相关服务业务。总之，上述思路和方式通过"击中"主导平台的结构和商业模式，"击毙"平台收集和使用数据信息的动力和能力。

可汗（Khan，2017）进而指出，平台势力的有些方面并无新奇，现有分析框架和概念还能重新组装，用于确保平台市场的重构满足（而不是削弱）开放市场、公平竞争和信息·自由流动的基本精神。其他的新布兰代斯学派学者基本都持有类似理念和主张。当然，新布兰代斯学派理念也因内在逻辑体系不清晰、相互矛盾和超出经济范畴等被批判，未来仍不太可能占据主流。

（四）数字竞争著名报告的监管态度异同点

有关数字竞争议题存在三份著名的报告，分别是英国数字竞争专家组的题为《解锁数字竞争》的报告（Furman，2018）、芝加哥大学布斯商学院斯蒂格勒研究中心发布的《数字经济斯蒂格勒委员会最终报告》（Stigler Committee on Digital Platforms，2019），以及欧盟委员会委托克里默等（Cremer et al.，2019）撰写的《数字时代的竞争政策》。

这三份报告都认为，数字平台对传统反垄断分析方法提出挑战，特别是在并购执法中。数字市场的某些特征会增加竞争风险并挑战传统反垄断工具；消费者福利标准在数字情境下仍适用但需完善。政策主张上还是有差异。在立法方面，斯蒂格勒报告和英国报告都呼吁需要调整竞争政策和新设专门监管数字市场和大型科技公司的强有力的数字规制机构，比如英国报告中弗曼等专家建议设立数字市场单元①，斯蒂格勒报告中建议设立数字执法机构。新的监管机构将在某些程度上同时扮演竞争执法机构和管制机构的角色，对于前一角色，还力图进一步拓展反垄断执法边界（如超出竞争议题来考察平台的政治影响、数据隐私和安全等）以囊括新时期下的新现象新问题，对于后一角色，并不是致力于针对特定企业或服务强制进行定价管控，比如确定定价基准和公平回报率等②，而是像行业管制范式那样采用远比当前竞争机构更为前瞻性思路监管数字经济。斯蒂格勒报告还进一步建议设立专门的反垄断法庭。欧盟报告并无此类建议。在证据责任方面，斯蒂格勒报告建议占支配地位平台需证明交易不会损害竞争、推定占支配地位企业与"实质性竞争对手或未来极有可能的竞争对手"之间的合并非法，并建议颁布新的法规要求并购的数字企业表明其交易肯定会促进竞争。与之不同，英国报告建议不要假定数字企业并购非法，而应在评估数字企业并购交易中要求新的损害标准。欧盟报告也未提出对数字企业并购的非法性推定，但强调如果收购是针对用户转向竞争对手的防御策略的一部分，则并购方应证明任何损害都可以通过合并带来的效率所抵消。

三份报告都呼吁竞争监管机构采取更加积极的执法措施，但其中一些措施至少要在评估了执法机构当前的执法行为后再定夺。当然，设立新机构的提议被西弗森（Syverson，2019）批判缺乏经济证据。此法还被指会让数字规制机构权限趋于无穷，可能诱导出现规制俘获现象（Trump，2020；Tirole，2020）。

三、积极一方：现有竞争制度基本能胜任，无须大修

（一）经济和竞争法学界力挺竞争政策体系适用性的表现

诸多经济学和法学学者以及执法者坚持认为，当前拥有的反托拉斯政策工具和专业能力足以应对数字经济带来的挑战（Yun，2019）；总体上，全球各地的竞争制度设计基本理念、框架和工具具有足够的囊括性和灵活性以致

---

① 2020年下半年英国竞争执法机构CMA已经提出旗下设置专门监管数字服务和数字市场的数字市场单元的提议，正在等英国国会审议批准。

② 对数字市场套用经典管制思路（如准入、定价等管制，甚至业务拆分等）注定是无效的（Tirole，2020）。

能通过做出一些新解读和简要修订来覆盖住一些以前无法认定违法的经济行为（Akman，2019；Coyle，2019）。剑桥大学贝内特公共政策研究所法学教授科伊尔（Coyle，2019）明确，无须对既有的法律和分析框架进行实质性调整，竞争执法机构就能解决有关平台经济中许多所关切的竞争问题。对于数字时代下的绝大多数情景，相关的竞争问题特别是有关市场结构的问题都能有效地在既有反垄断立法司法范畴内得到解决（Atkinson & Kennedy，2020）。世界经济论坛委托专家派纳阿克曼撰写的白皮书《经济全球化数字化背景下的竞争政策》不认为有必要颠覆现有的竞争法框架。对于包括 GAFA 在内的科技企业，反垄断之历经百年沉淀，依然锋锐绝伦。呼吁需要对互联网施加更大监管的论断，大多都忽视了互联网平台的运行机制、平台创造的价值和受到的约束。实际上，竞争执法机构已经拥有足够工具和灵活性来处理在线平台的反竞争行为（Kennedy，2015，2017，2020）。

卡茨和夏皮罗（Katz & Shapiro，1999）面对微软垄断案时就主张，无论微软案结果如何，都无须一个新的反垄断政策。并且认为，现已证明美国现有的反垄断法在处理带有新的经济特征的新产业时拥有足够的灵活性；反垄断执法者也能在借助经济学家有关对兼容性、接面和网络效应等因素的策略性影响的新洞见，有效地处理新产业和新业态中的竞争问题。微软负责反垄断的副总法律顾问克里斯在 2012 年 OECD 组织的大数据研讨会中分享了微软看法，指出尽管考虑数据环境的特性很重要，但是现有许多的反垄断工具、分析框架和损害理论仍能用于分析数据驱动型并购和单边行动。法学教授帕特森（Mark R. Patterson，2017）在专著中反复强调反托拉斯法可以而且应该适应数字信息经济时代。美国学者艾博特（Abbott，2018）直截了当地指出，有关反垄断法律框架，如要有力地规范互联网和新经济就需更激进地加以运用甚至作出相应修订的想法和论断是误导性的；强调消费者福利的美国在现有反垄断教条下，完全能在不给相关企业施加任何无端伤害的前提下，根除任何反竞争性的滥用，因为新经济下的科技巨头们给美国社会带来实实在在的巨大经济实惠，过度的和误导性的反垄断干预会给社会公众带来严重的伤害。艾博特（2018）还指出，当前基于良好经济理论基础的美国反托拉斯法能完全规避大型互联网平台企业和其他大企业的反竞争行为；基于规模、公平和政治等非经济因素的考量，而对企业进行反垄断干预缺乏理论支撑，还会降低研发创新激励和诱导经济停滞。即便让竞争政策背负着促进经济增长和改善工人处境等宏观经济或社会目标，相关数据也显示竞争政策在欧美国家同样表现优异，根本毫无大修之必要（Mandel，2018）。以这种泛化方式运行反垄断的主张毫无基础可言，应该得到执法机构和立法机构的抛弃。最后，《耶鲁法学杂志》在 2018 年 5 月的反垄断法专栏中以解锁反托拉斯执法为题组稿，系统表达了美国现有反托拉斯制度设计足以应对当前美国反垄断挑战（Baker, et al., 2018）。

针对竞争法领域最新名著《大数据与竞争政策》（Stucke & Grunes, 2016）批判既有竞争政策时提出的难以刻画非价格竞争和无法刻画用户对价的问题，肯尼迪（Kennedy, 2017）给出了细致的回应。针对测度问题，尽管非价格竞争的程度和重要性难以量化，使得评估哪些行为应纳入考虑变得更难，但是这些困难并不影响政府力量的适度使用；仅仅因竞争降低带来的成本较高就倡导执法者不惜以牺牲执法准确性为代价来严格管制数据驱动型并购和滥用行为的做法（Stucke & Grunes, 2016），无论在欧洲还是北美，都无法得到执法和司法机关的认同（Ohlhausen & Okuliar, 2015；Kennedy, 2017）。执法和司法机构都会践行经济效率和通过保障高额的研发创新利润来赋予企业开发新技术/产品的激励动机。但是，并没有十足的证据证实提供免费服务换取而来的数据垄断会在其获利的市场得到显著的市场力量，或者难确保其使用某种市场力量来降低服务质量。

著名专家莫尔顿（Morton, 2018）在 FTC 听证会中还明确指出，我们拥有足够的政策工具，无须花费十年时间去开发新工具。阿克曼（Akman, 2019）也表达类似看法，并建议与其重写竞争规则和工具，不如重新思考既有竞争法制度及其工具使用中的一些核心概念。因为，平台及其技术公司的非传统商业模式（如所谓免费服务、网络效应、大数据和算法规则等）需要重新审视和重置竞争制度中的一些核心概念，以便于解答它们在这些非传统市场情景下是否和如何适用于技术公司的特定行为。在重新审视过程中，竞争执法机构不应抛弃以前被证明有效的分析框架，也不应当舍弃当前缺乏更可行的概念性替代框架，以做到在保护消费者利益基础上维护竞争的目的。后一点正是仍然支持维持消费者福利标准的主导范式地位的理由。①

此外，在重新审视既有竞争制度的过程中，需要解决长期以来面临的一

①　在数字市场使用时，这个标准应作适当地构建以表示实际消费者的实际福利，从而使之超越纯粹效率和低价的内涵，还包括质量、选择和创新等层面（Akman, 2019）。不要完全锚定效率和低价是一回事，而将消费者福利标准替代为像新布兰代斯学派那样旨在保护特定的市场结构的结构性目标则是另外一回事。用结构性目标来取代消费者福利标准是竞争政策的错误方向。采用保护那些不准确、不确定和缺乏理论基础之类的竞争过程和公平概念作为目标也是如此。因为，如此替代不单单使得竞争执法机构更难以抵挡住游说集团的操纵，也让政治势力更可能干涉竞争执法机构，间接伤害了执法机构的独立性和可信赖性，让设立竞争机构的初衷（让市场为消费者而良好运作）更可能被违背。

个缺陷，那就是价格是福利分析的核心维度，忽视了更难以刻画的诸如质量和多样性等其他维度；一味锚定静态的配置效率而忽视了动态效率。在市场竞争异常凸显的情景下，个案分析过程需要关注投资与创新，特别是在多个（层）市场由一个平台所关联时，需要考虑整个生态系统的投资创新激励。执法机构应探寻有关数字平台的福利促进型创新的证据，应当高度怀疑大型平台的任何并购，更应抛弃传统市场界定做法，而将眼光拓展至围绕特定平台构建的市场生态体系上。

产业组织理论、竞争经济学和双边市场理论先驱暨 2014 年诺贝尔经济学奖唯一得主梯诺尔（Tirole，2020）明确指出，尽管当前需要强化制度设计以迎合新的经济环境变化，但是需要的并不是反垄断法的剧烈变革；事实上，当前的竞争法措辞宽泛，已经能体现新环境下的诸多所谓的新现象（如最优惠待遇条款、机构投资者的共有产权和交叉持股等）；监管机构应该更加自由灵活，并与数字时代不断发展的经济思维保持一致。显然，自我规制、竞争政策和公共事业规制等经典手段在数字时代都存在明显缺陷。在新时代需要更积极有为的竞争制度，确保执法者专业地、独立地执法并推出随着产业界和学界认识演变而调整的行动指南。也就是，数字监管应具有适用性以及时吸收行业和学家智慧和尽量控制法律不确定性，而无须全新的数字监管制度设计，现有的工具箱能更具系统性地运用。

（二）相关政府及其官员力挺竞争政策体系适用性的表现

2015 年德国垄断委员会发布的报告《竞争政策：数字市场的挑战》指出，基于目前数字市场的竞争情况，垄断委员会认为还没必要对反垄断法进行根本性修改，只需基于考虑数字市场特殊的竞争状况进行一些适当改变。2017 年末加拿大竞争局发布的报告[1]也认为，即便大数据可能需要使用专业化工具和方法，也不意味着需要采用全新的竞争政策工具，反垄断基础框架（如市场界定、市场势力和竞争效应）仍能在新时代发挥作用。

其实，以美国反垄断现代化委员会（2007）和美国联邦上诉法院大法官理查德·艾伦·波斯纳（Richard Allen Posner，2000）为代表的反对派更早就坚决认为，现代竞争政策的灵活性足以保证在线市场的竞争有序，根本没有任何必要采取全新的干预手段。"无必要修订反垄断法以对以研发创新、知识

① Canadian Competition Bureau. Big Data and Innovation：Implications for Competition Policy in Canada [R]．Canadian Competition Bureau，September 18，2017.

产权和技术变革为核心特征的行业适用不同规定。""用已经时间考验的竞争政策新概念来做出新的经济解读。"美国联邦贸易委员会委员特雷尔·麦克斯威 2015 年在一次公开演讲中就表示，反垄断法不仅没有过时，对于培育创新、开放和竞争的高科技市场仍然发挥非常重要的作用。但鉴于互联网高科技行业重视技术创新的特点，美国政府在反垄断执法时对政策目标适当进行了调整，从原来的保护消费者和促进市场有效竞争转向更加强调保护创新。美国 2010 年新修订的《横向并购指南》在降低市场界定的重要性的同时，也增加了对并购交易是否减少创新的影响分析、对可能导致创新减少的并购交易的审查力度。

美国 FTC 前主席莫林·奥尔豪森（Maureen Ohlhausen）于 2016 年 8 月就指出，"行业集中度和企业利润呈现提升趋势的事实并不代表竞争正在萎缩，反垄断应该仍然是一个精准工具：一把手术刀而不是锤子"。夏皮罗（Shapiro，2018）也认为，日益提升的行业集中度损害竞争和整个经济的生产力的证据是不能令人信服的。2019 年 6 月美国司法部助理部长麦坎·德拉希姆（Makan Delrahim）在以色列特拉维夫召开的反垄断新前沿会议上发表的演讲中也认为，现有的反垄断法律工具具有足够的灵活性，足以对互联网科技领域进行监管。此次演讲还透露美国司法部未来开展反垄断调查的基本立场，以及引起司法部关注的收购初创公司、排他性行为、协同与合谋等行为。

美国司法部长副助理理查德·A. 鲍尔斯（Richard A. Powers）在 2020 年国际竞争网络年会发表有关大数据和卡特尔的讲话中明确表示，由于美国法律框架的充分灵活性，对美国现有的竞争执法有信心。首先明确指出，美国反垄断刑事案件的法律标准将保持不变，维持对操纵投标、操纵价格和分配协议的刑事起诉，而现有反托拉斯局在起诉通过一系列手段和方法实施的反竞争阴谋方面经验丰富，其中包括使用定价算法。其次，认定美国竞争法有足够能力起诉通过中间人达成和促成的串谋协议：一个中间人（如程序员或网络平台）协助竞争者合谋使用一种共同的定价算法确定价格，美国法律准许反垄断局起诉竞争者和促成非法协议的中间人，也允许起诉对公司代理人（公司董事、高级职员、雇员和代理人等）违反竞争法规定的公司。事实已证明美国法律适合起诉那些参与勾结并从中获益的人，无论其手段或方法如何。美国竞争执法机构还通过机构间对话合作，对内部律师和经济学家就机器学习、人工智能和区块链技术等进行教育培训等方式，致力于确保发现新的串通手段的能力与时俱进，同时致力于建立一个鼓励威慑和侦查反托拉斯犯罪的政策框架。

（三）对否定竞争政策体系适用性的批判

有一些学者指出，否定竞争政策体系在数字时代的适用性面临的潜在问题。一些人认为政府管制在数字经济领域并不合适，甚至是反生产力的。佩纳尔和马克斯韦尔（Penard & Maxwell，2015）指出，事先管制在欧盟通常局限于已经形成独家垄断格局的行业部门，如电信行业；管制手段总是行业依赖性的。针对支持方基于基础设施概念力主干预互联网行业乃至新经济的必要性问题，库哈尔奇克（Kucharczyk，2015）批判道，基础设施概念不适用于在线平台。因为在线平台虽然很有用，但是对于很多商业行为并非不可或缺，不满足基础设施概念要求的不可或缺性的要求。吉田（Takigawa，2020）在比较欧美和日本竞争执法中指出，竞争政策而非公共事业管制才是限制超级平台的主要手段，政府管制方面仅限于数据可携带性原则。

此外，当隐私成为消费者决定购买商品或服务的主要、关键或重要因素时，根据竞争政策就可以限制乃至阻止在这一非价格维度上消除或减少竞争的合并交易行为。但是，作为竞争的一方面，隐私考量从来就不应该是限制或拒绝并购交易的唯一甚至都不是重要理由。尽管几乎无人会严肃地否认数据驱动型企业或行业能从数据的网络效应和规模经济中获利，但是也应当认识到这些影响也会极大地惠及消费者乃至整个社会，规制这样的企业或行业势必要谨慎。

英国执法机构 CMA 官员也曾表示反对平台管制，更应借助竞争法的事后实施（Chisholm，2015）。正如巴勃罗（Pablo，2015）所言，互联网数字经济带来的最大影响与其说是政策变革，不如说是对问题的分析审视更谨慎和稳重。包括反垄断与竞争政策在内的公共政策在数字时代需要发展的认识不是仅仅相关于多边平台，在现实中更多的是竞争法运用上的问题。多边平台市场的主要特性是它将从反垄断法诞生以来就受其困扰的问题以一个更加有力的方式凸显出来。多边平台不单单披露了传统反垄断工具及其替代性手段在平台情景下的不充分、不完善，更是让这些工具和手段的内在不一致性和不可靠性得到充分暴露，提醒我们这些工具和手段在现实中，无论是否在多边平台情景下都不再是准确无误的。从这个意义上来说，多边平台带来的挑战是有效又有益地提醒大家既有竞争政策体系不完全可靠，需要在原有政策体系基础上新增一些谦虚谨慎又明确的限制性原则来指导。

四、总结、启示和评论

正如美国 FTC 新任主席约瑟夫·西蒙斯（Joseph Simons，2018）所言，新时期仍需要搭建起竞争法实施和对经济条件的系列审查之间的联系，以确保法律制度在当前竞争条件下仍有效。但是不同国家和不同背景、职位的人对此的看法并不同。欧洲大陆国家以及英国、澳大利亚等诸多英语系国家总体上倾向于认为，现有竞争制度和机构无法应对互联网数字经济领域中以大数据和算法规则为基础、带有显著的网络效应和规模经济特性的新业态新模式带来的新挑战，需加以修改和完善。以美国为代表的北美国家基本上更倾向于笃定现有反托拉斯制度和机构的自我包容和进化能力，基本认定现有法律体系和机构能应对新挑战（Hylton，2019）。美国学者和官员有关无须仓促地重写联邦反托拉斯规则体系的观点和立场，在 2020 年 2 月末发布的特朗普总统经济报告暨经济顾问委员会年度报告中得到充分体现（Trump，2020）。特朗普总统经济报告（2020）指出，批判现有反托拉斯制度无力解决动态市场带来的新挑战的论点忽视了反托拉斯体系应对一系列市场条件的灵活性。富有生命力的反垄断制度都是考虑了适用于特定市场的现实证据和经济学逻辑，并能随时适应市场上的研发创新环境。因而，完全重写反垄断规则和为数字经济设立全新的规制机构的政策倡议是不成熟的，美国司法部和 FTC 很大程度上足以保护消费者免受反竞争行为的伤害。

或许，欧美两大反垄断司法辖区的主流观点的差异，主要源于司法传统的差异。主要采取大陆法的欧洲国家基于现有法律条款进行判决，无禁止条款即允许；北美地区主要采取判例法，依靠不断新增和完善的判例库对类似案件进行判定和修正。美国司法相比欧洲法律更具灵活性和纠错能力。另外一点是，欧美竞争法体系着眼点和心态不尽相同。如果说美国是秉持结果导向和强者心态，保护消费者福利，强调对主导企业的反托拉斯干预会抑制大企业研发创新激励，那么可以说欧盟是秉持过程导向和弱者心态，保护竞争公平性，强调主导企业的行为抑制中小企业研发创新激励。欧盟坚持竞争秩序甚于研发创新、坚持政府干预主导甚于自由开放。这个着眼点的差异性归根到底又是对市场运行是否良好的不同认识。美国民众和政府更信奉市场，倾向于认为市场先天地运行良好，市场出现状况主要是外界干扰或冲击所致；欧洲对市场相对克制，认为市场先天就存在缺陷，市场出现状况也可能与市场内在机制运行不畅有关。

　　欧盟反垄断立法和执法过于激进也是欧盟在数字经济领域"迷失"、缺乏科技大企业的一大原因。欧盟乃至其成员国频繁修法执法，涉嫌针对对象是当前的美国科技巨头 gafa 和未来出海的中国科技巨头 bat 和跳动字节，而在制度设计上就放过或豁免欧盟境内科技企业。这无形之中起到人为培育"欧洲冠军"的作用，面临反垄断政治化的嫌疑。

　　随着国内互联网数字经济领域频繁出现不合意的现象，国民也开始激起有关我国竞争政策体系是否能面对互联网变革带来的挑战的争论。老百姓的消费、生活、工作和交往很大程度上已经建立在腾讯、百度和奇虎相关产品的基础上。特别是，腾讯的产品服务被认为像水电气路那样不可或缺。水电气路被界定为基础公共服务和基础设施而使用公共事业监管，不单单是因为其不可或缺性，更因为其涉及生存权和外部性问题。显然，腾讯等科技巨头的产品服务完全不满足这些特点，不宜将主导性产品服务视为基础设施和使用公共事业监管（网络中性原则）。此外，欧盟乃至其成员国对数字变革的反垄断回应较为激进，但是国内数字监管需要异常谨慎，最好是相信市场运行的普遍有效性。即便要修订和完善竞争政策体系，也要在充分考虑和论证国情现实的基础上，参考借鉴欧美立法司法执法方面的有益智慧，切忌简单地抄袭其具体内容和条款。

参考文献

［1］江小涓. 高度联通社会中的资源重组与服务业增长［J］. 经济研究，2017，52（3）：4 – 17.

［2］Abbott A. Antitrust and the winner-take-all economy［J］. Heritage Foundation Legal Memorandum，2018（224）.

［3］Akman，P. An agenda for competition law and policy in the digital economy［J］. Journal of European Competition Law and Practice，2019，10（10）：589 – 591.

［4］Antitrust Modernization Commission（AMC）. Report and Recommendations［R］Antitrust Modernization Commission. 2007，April.

［5］Argenton C.，Prüfer J. Search engine competition with network externalities［J］. Journal of Competition Law and Economics，2012，8（1）：73 – 105.

［6］Atkinson R. D.，Kennedy J. The Antitrust "Challenge" of Digital Platforms：How a Fixation on Size Threatens Productivity and Innovation［R］. Information Technology and Innovation Foundation，2020.

［7］Baker J.，Berry S.，Scott Morton F.，et al. Has the US economy become more concentrated and less competitive: A review of the data [R]. Federal Trade Commission (FTC) Hearings on Competition and Consumer Protection in the 21st Century, 2018.

[8] Baker, J. B. , J. Sallet and F. S. Morton. Introduction: unlocking antitrust enforcement [J]. Yale Law Journal, 2018, 127 (7): 1742 – 2203.

[9] Bork, R. H. , and F. G. Sidak. What does the Chicago school teach about internet search and the antitrust treatment of google? [J]. Journal of Competition Law and Economics, 2012, 8 (4): 663 – 700.

[10] Castro, D. and T. Korte. Data innovation 101: An introduction to the technologies and policies supporting data-driven innovation [R]. Center for Data Innovation, 2013.

[11] Chisholm A. , Jung N. Platform regulation—Ex-ante versus ex-post intervention: Evolving our antitrust tools and practices to meet the challenges of a digital economy [J]. Competition Policy International, 2015, 11 (1): 7 – 21.

[12] Coyle D. Practical competition policy implications of digital platforms [J]. Antitrust Law Journal, 2019, 82 (3): 835 – 860.

[13] Crandall R. W. , Winston C. Does antitrust policy improve consumer welfare? Assessing the evidence [J]. Journal of Economic Perspectives, 2003, 17 (4): 3 – 26.

[14] Cremer, J. , Y. A. De Montjoye and H. Schweitzer. Competition Policy for the Digital Era. European Commission [R]. 2019.

[15] De Pablo A. L. The double duality of two-sided markets [J]. Competititon Law Journal, 2015 (14): 5 – 18.

[16] Ezrachi, A. and M. E. Stucke. Edistortions: How data-opolies are dissipating the internet's potential. [C] //Digital Platforms and Concentration, Second Annual Antitrust and Competition Conference, 2017.

[17] Ezrachi A. Virtual Competition [M]. Harvard University Press, 2017.

[18] Furman J. , Coyle D. , Fletcher A. , et al. Unlocking digital competition: Report of the digital competition expert panel [R]. UK Government Publication, HM Treasury, 2019.

[19] Hylton K. N. Digital platforms and antitrust law [J]. Nebraska Law Review, 2019 (98): 272.

[20] Ingram, M. Should We be Afraid of Apple, Google and Facebook? [R]. Gigaom, 2010.

[21] Jeevan Vasager, et al. Europe's Demands on Google Mount [J]. Financial Times, 2014 (11).

[22] Katz M. L. , Shapiro C. Antitrust in software markets [C] //Competition, Innovation and the Microsoft monopoly: Antitrust in the digital marketplace. Springer, Dordrecht, 1999: 29 – 81.

[23] Kennedy J. Monopoly Myths: Do Internet Platforms Threaten Competition? [R]. Information Technology and Innovation Foundation, 2020.

[24] Kennedy J. The myth of data monopoly: Why antitrust concerns about data are overblown

［J］. Information Technology and Innovation Foundation, 2017 (3).

［25］ Kennedy J. Why internet platforms don't need special regulation ［J］. Information Technology and Innovation Foundation, 2015 (19).

［26］ Khan L. What makes tech platforms so powerful ［C］//Digital Platforms and Concentration, Second Annual Antitrust and Competition Conference, 2017: 14 – 17.

［27］ Kucharczyk, J. Essential vs useful: Can online services be "essential" or are they simple very useful? ［J］. Disruptive Competition Project, June 16, 2015.

［28］ Liebowitz S. Rethinking the networked economy: The true forces driving the digital marketplace ［M］. AMACOM Div. American Management Association, Dallas, 2002.

［29］ Mandel, M. Taking Competition Policy Seriously: Macro Indicators for Regulators ［R］. Excerpt for Shaping Competition Policy in the Era of Digitisation, 2018.

［30］ Manne G. A., Sperry B. The problems and perils of bootstrapping privacy and data into an antitrust framework ［R］. CPI Antitrust Chronicle, 2015.

［31］ Mirani, L. These documents reveal the EU's thoughts on regulating Google, Facebook, and other platforms ［R］. Quartz, 2015.

［32］ Morton, F. S. Statement at the Federal Trade Commission Hearing on Competition and Consumer Protection in the 21st Century ［R］. Has the U. S. Economy Become More Concentrated and Less Competitive: A Review of the Data, 2018.

［33］ Newman N. The cost of lost privacy: Consumer harm and rising economic inequality in the age of Google ［J］. William Mitchell Law Review. , 2014, 40 (2): 865 – 873.

［34］ Ohlhausen, M. K. Does the U. S. Economy Lack Competition? ［J］. Criterion Journal on Innovation, 2016 (1): 47 – 63.

［35］ Ohlhausen M. K., Okuliar A. P. Competition, consumer protection, and the right ［approach］ to privacy ［J］. Antitrust Law Journal, 2015 (80): 121.

［36］ Page W. H., Childers S. J. Measuring compliance with compulsory licensing remedies in the American Microsoft case ［J］. Antitrust Law Journal, 2009 (76): 239.

［37］ Page W. H., Childers S. J. Software development as an antitrust remedy: Lessons from the enforcement of the microsoft communications protocol licensing requirement ［J］. Michigan Telecommunications & Techndogy Law Review, 2007 (14): 77.

［38］ Page W. H. Mandatory Contracting Remedies in the American and European Microsoft Cases ［J］. Antitrust Law Journal, 2009, 75 (3): 787 – 809.

［39］ Patterson, M. R. Antitrust Law in the New Economy: Google, Yelp, Libor, and the Control of Information ［M］. Harvard University Press, 2017.

［40］ Penard T., Maxwell W. Réguler les plateformes: Une fausse bonne idée, L'Opinion ［R］. 2015.

［41］ Posner R. A. Antitrust in the new economy ［J］. Antitrust Law Journal, 2000 (68): 925.

［42］Schweitzer H. , Welker R. Competition policy for the digital era ［J］. The Antitrust Chronicle, 2019, 3（2）: 16 – 24.

［43］Shapiro C. Antitrust in a time of populism ［J］. International Journal of Industrial Organization, 2018（61）: 714 – 748.

［44］Shapiro C. , Carl S. , Varian H. R. Information rules: A strategic guide to the network economy ［M］. Harvard Business Press, 1998.

［45］Shapiro C. Exclusivity in network industries ［J］. George Mason Law Review, 1999, 7（3）: 1-11.

［46］Sigmar Gabriel and Emmanuel Macron. Letter to European Commission Vice President Andrus Ansip ［R］. 2015.

［47］Simons J. D. , Beck M. J. , Asplund N. R. , et al. Advocacy for gender minority students: Recommendations for school counsellors ［J］. Sex Education, 2018, 18（4）: 464 – 478.

［48］Spulber D. F. Unlocking technology: Antitrust and innovation ［J］. Journal of Competition Law and Economics, 2008, 4（4）: 915 – 966.

［49］Stucke M. E. , Grunes A. P. Introduction: Big Data and Competition Policy ［M］. Oxford University Press, 2016.

［50］Syverson C. Macroeconomics and market power: Context, implications, and open questions ［J］. Journal of Economic Perspectives, 2019, 33（3）: 23 – 43.

［51］Takigawa T. Super Platforms, Big Data, and the Competition Law: The Japanese Approach in Contrast with the US and the EU ［J］. Journal of Antitrust Enforcement, 2020（12）.

［52］Tirole J. Competition and the industrial challenge for the digital age ［R］. Prepared for IFS Deaton Review on Inequalities in the Twenty-First Century, 2020.

［53］Trump, D. Economic Report of the President together with The Annual Report of the Council of Economic Advisers ［R］. White House, 2020.

［54］Tucker D. S. The proper role of privacy in merger review ［J］. CPI Antitrust Chronicle, 2015.

［55］Varian H. R. , Farrell J. , Shapiro C. The Economics of Information Technology: An Introduction ［M］. Cambridge University Press, 2005.

［56］Wright J. D. , Dorsey E. , Klick J. , et al. Requiem for a paradox: The dubious rise and inevitable fall of hipster antitrust ［J］. Ariz. St. Low Journal, 2019（51）: 293.

［57］Wu T. In the grip of the new monopolists ［J］. The Wall Street Journal, 2010（13）.

［58］Wu T. The curse of bigness ［R］. Antitrust in the new guilded age. Columbia Global Reports, 2018.

［59］Yun J. M. Testimony on 'competition in digital technology markets: Examining acquisitions of nascent or potential competitors by digital platform' before the senate judiciary committee, antitrust subcommittee ［J］. George Mason Law & Economics Research Paper, 2019（19 – 30）.